BÜZZ

© 2017 Buzz Editora

Publisher ANDERSON CAVALCANTE
Editora SIMONE PAULINO
Projeto gráfico ESTÚDIO GRIFO
Assistente de design STEPHANIE Y. SHU
Revisão MARCELO LAIER, ELOAH PINA

Dados Internacionais de Catalogação na Publicação (CIP)
(Câmara Brasileira do Livro, SP, Brasil)

>Louise, Bruna
> Desbocada, desfocada, deslocada / Bruna Louise
>1ª ed. São Paulo: Buzz Editora, 2017.
> 160 pp.
>
>ISBN: 978-85-93156-02-1
>
>1. Blogs (Internet) – Vídeos 2. Comunicação digital 3. Crônicas brasileiras 4. Mulheres – Humor, sátira etc. 5. YouTube (Recurso eletrônico) I. Título.
>
>16-08289   CDD-305.4

Índices para catálogo sistemático:
1. Mulheres: Comportamento: Tratamento humorístico 305.4

Todos os direitos reservados à:
Buzz Editora Ltda.
Av. Paulista, 726 – mezanino
Cep: 01310-100 São Paulo, SP

[55 11] 4301-6421
contato@buzzeditora.com.br
www.buzzeditora.com.br

DESBOCADA
DESFOCADA
DESLOCADA

BRUNA LOUISE

AGRADECIMENTOS

Preciso agradecer a todos que nunca acreditaram que eu conseguiria chegar até aqui. Foi essa descrença que me deu força para... Foooooda-seeeeeeeeeee, eu jamais vou agradecer a quem duvidou de mim, caguei. Quero agradecer a quem acreditou: minha mãe e...

É, acho que foi só minha mãe mesmo.

Ah, teve meu *publisher* também, que enfiou na cabeça que eu deveria escrever um livro. Eu o alertei sobre o possível efeito das drogas no nosso discernimento, mas ele insistiu. Eu não quis. Ele insistiu mais. Eu não quis. Ele me chamou para almoçar. Eu fui. O restaurante era bonito. Ele pagou. Eu escrevi o livro.

INTRODUÇÃO

14 meses. Um ano e dois meses. 420 dias. Foi esse o tempo que eu levei pra escrever este livro, o mesmo de gestação de uma baleia jubarte! (Medida que, por sinal, só encontrei em semanas. Por que as gestantes fazem isso com a gente? Falam o tempo da gravidez em semanas? Tenho certeza que existe uma razão médica, mas será que ninguém percebe a nossa cara de "fazendo as contas"?)

Você deve estar imaginando que, por ter levado tanto tempo, este livro só pode ser uma obra de arte. Eu te digo: não é (nossa, nem perto disso, é só um bando de coisas sem a menor conexão que eu escrevi e alguém achou engraçado... esse alguém sou EU, no caso... tenho certeza que meu *publisher* não vai publicar isso na primeira página).

Enfim, o livro não é uma obra de arte, mas é a minha obra, e foi difícil de nascer.... Primeiro, porque tiveram que me alfabetizar, e eu já tinha 30 anos; e segundo, porque eu engordei uns três quilos e ganhei uma pelanca por conta disso.

Como vocês vão ver no capítulo *Como deixar para amanhã o que você deveria ter entregue na semana passada*, eu sou uma procrastinadora de primeira categoria, então finalizar qualquer coisa pra mim é uma vitória e tanto. Por isso, leiam até o final, mesmo que vocês não gostem, mas pela amizade mesmo.

Aqui eu escrevi um livro de antiautoajuda, no qual eu não ensino nada de bom, mas tiro sarro de tudo que não presta.

Este livro contém palavrões, verdades nada absolutas e glúten.

Onde e quando você deveria ler? Fila do banco, sala de espera do consultório médico, dentro de qualquer transporte público (só se você estiver sentada, do contrário não indico muito), durante uma crise dramática de prisão de ventre e/ou quando tiver algo superimportante para fazer, mas estiver com uma preguiça enorme.

Contraindicado para: quem não tem senso de humor, pessoas com QI acima de 145, analfabetos (pode parecer discriminação, mas é que, sério, não vai rolar) e menores de 18 anos (a não ser que você já transe, aí nada do que está aqui vai te chocar). Cardíaco, cuidado! Se você estiver sentindo fortes dores no peito e no braço esquerdo, corre pro hospital porque você está enfartando!!! (Isso não tem nada a ver com o contexto aqui, mas eu só queria ter a oportunidade de salvar a vida de alguém, obrigada.)

CRÍTICAS: NÃO ESTAMOS ACEITANDO, SENHORA. POR FAVOR PROCURE O PRÓXIMO LIVRO NA ESTANTE, OBRIGADA. Ok, eu sei que as pessoas têm essa necessidade de fazer críticas ou reclamações, mas por favor não faça isso nas minhas redes sociais, ok? Eu tenho sérios problemas com rejeição e meu psicólogo, o dr. Mario Fernandez, disse que isso pode acabar com a minha vida de uma maneira arbitrária e absolutamente sangrenta. Tá, essas palavras não fazem o menor sentido e eu nem tenho um psicólogo. Então, para evitar palavras maldosas e terríveis pulando na minha cara em comentários de uma foto fofa de cachorro no meu Instagram, eu deixei no final do livro uma página em branco para você escrever tudo o que você mais odiou, qual o capítulo mais absurdo, a opinião mais contraditória e escrota ou que simplesmente você não me suporta e meu cabelo é podre. Se você já está com pensamentos malignos, a página é a 159, manda ver! Só compre o livro antes, para não danificar um bem da livraria.

DESBOCADA

Os palavrões estão aí, ao nosso dispor, a nosso serviço, para ajudar a expressar nossos sentimentos da maneira mais sincera. Até porque a vida é muito curta pra você curtir pra caramba, sendo que você pode curtir pra caralho. Eu amo quando leio aqueles posts do tipo: "Pessoas que falam palavrão são mais sinceras", ou ainda, "são mais inteligentes". Pode ser mentira, mas eu me sinto super enturmada. Muita gente acha que falar palavrão é vulgar, vulgar pra mim é falar **CARAMBOLAS**. (Ok, não é vulgar, mas me irrita tanto que poderia ser) e muita gente acha que falar palavrão não ajuda em nada. Se você pensa que não ajuda em nada, você nunca teve um ex que te traiu pra chamar de **AQUELE FILHO DE UMA PUTA DESGRAÇADO**. Isso sim é terapia.

DESFOCADA

Ao longo do livro vocês vão notar que foco não é o meu forte, nem pra foco da dengue eu tenho concentração. Às vezes eu abro parênteses e saio completamente do assunto, dou a volta ao mundo, esqueço o que eu estava falando, faço você esquecer o que eu estava falando, depois volto com a maior naturalidade. Este livro me fez perceber que conversar comigo deve ser um inferno, porque antes de finalizar um assunto eu sempre lembro de trocentas histórias e me distraio com absolutamente qualquer coisa, desde um prato de comida até uma abelhinha voando.

DESLOCADA

Aquele momento em que você olha ao redor e se sente meio diferente, enquanto todo mundo está tomando chá das 5 você pensa em drinks; ou quando está todo mundo prestando atenção no chefe e você de olho no horóscopo daquele homem lindo que nem sabe seu nome, mas pode saber, só depende do posicionamento da lua em relação a saturno; ou quando você deveria estar dormindo, mas está revirando na cama com planos mirabolantes para dominar o mundo. Se você também está sempre faz coisas diferentes do que deveria estar fazendo, então parabéns: você também é uma deslocada! (O "parabéns" eu coloquei só pra te animar, porque eu ainda não descobri se isso é uma coisa boa ou não, mas vamos fingir que é). A felicidade não é feita de verdades.

AVISOS

Este é um livro inicialmente escrito pra mulheres, mas obviamente homens também **são** bem-vindos. Eu até aconselho, pois os textos podem ser bem esclarecedores... não como um manual para a cabeça feminina, porque isso seria impossível em qualquer livro menor que a Bíblia. **Mas se você já chegou até aqui, não custa nada continuar!** Não sou psicóloga e nem especialista em nada, se, por acaso, alguns dos meus conselhos acabarem com seu relacionamento, só posso te dizer: sinto muito. Ou "hahaha, se fudeu", se você for meio babaquinha!

Se você é lésbica, esse livro é muito pra você, afinal você é uma mulher que namora outra mulher, então vocês podem rir juntas aqui de várias crises que passamos. Vocês vão notar que escrevo sobre relacionamentos apenas me referindo a relacionamentos heterossexuais, mas por quê? Por uma questão antropológica da sociedade (mentira, gente, foi só preguiça mesmo de sempre me referir a pessoa como: o cara/a menina, o gato/a gata). E se você é homem homossexual, tá mais fácil ainda, não precisa nem mudar o objeto de desejo. Ou seja, sintam-se todos incluídos!

TPM: UM CLICHÊ DESGRAÇADO QUE SÓ A GENTE ENTENDE

Bom, todo mundo fala de **TPM** e eu acho impressionante que ainda existam homens que acham que **TPM** não existe. Depois que a gente fatia o cara e põe na mala, a gente é que é louca. Acreditem, rapazes: quando a **TPM** bate na porta, a razão pula pela janela sem paraquedas gritando: "eu não aguento mais!!!". Queria ver se vocês mulheres concordam comigo… Eu acho que **TPM** também é questão de estilo. Porque sim. Existem vários tipos de **TPM**.

Existe aquela **TPM DEPRESSIVA**: quando você acha que nada, absolutamente nada na vida está dando certo e só de bater o dedo mindinho na quina do móvel já é motivo pra desistir de viver. Em dias assim, a gente acha, ou melhor, a gente tem certeza, de que ninguém gosta da gente. A gente se acha tão feia que se olha no espelho e vê a Fiona (eu realmente gostaria de colocar outra referência aqui, mas fiquei com medo de processo). Esse tipo de TPM quase sempre tem um par: a TPM DA CARÊNCIA, que ocorre quando você precisa muito, mas muito de alguém, que geralmente é um homem que não entende o que você está sentindo, não compreende sua vontade de se afogar no pote de sorvete. Você manda um Whatsapp, a pessoa demora 15 segundos pra responder e nesses quinze segundos você já imaginou que talvez ele tenha fugido para a Malásia com uma loira estilo Pamela Anderson e que, obviamente, os dois estão rindo de uma foto sua que ele levou para a mais pura humilhação, e eles só param de rir pra transar loucamente, de um jeito que ele nunca fez com você... É uma carência tão profunda, tão profunda, que você é capaz de dar a vida por um homem que chegue em casa levando pra você uma caixinha de *cookies*. Mas como esse homem quase nunca chega, muito menos com a caixinha de *cookies*, você vira uma formiga enlouquecida (e carente) à beira de um ataque de nervos. Tudo que você quer é chegar em casa, por o pijama e fazer um brigadeiro. E enquanto você faz o brigadeiro você lambe a colher, você lambe a panela e você lambe o fogão onde derrubou uma gota de chocolate. Aliás, queria contar pra vocês que o brigadeiro gelado é muito bom, muito bom mesmo! Isso eu descobri aos 30 anos quando, pela primeira vez na vida, consegui deixar o brigadeiro esfriar.

Mas os tipos de TPM não param por aí. Tem a TPM BARRAQUEIRA. Eu não sou barraqueira, mas eu tenho um pouco de inveja das barraqueiras.... Porque elas conseguem o que elas querem. Você está na fila da balada e a barraqueira dá um show. Você julga, acha feio, fica chocada, passada, sussurra com a sua amiga o quanto aquilo é absurdo e diz que você definitivamente jamais faria isso. Mas fica chocada na fila. Enquanto a barraqueira já entrou, e você está lá fora, com frio e cansada de estar em pé, ela está com um Cosmopolitan na mão, dançando até o chão aquela música que você adora. Gente, acabei de decidir: EU VOU FAZER UM BARRACO. Por qualquer motivo! E vai ser agora!

Voltei. Foi constrangedor. Não sabia que tinha que ter talento pra isso também. Não tenho. Enfim, continuando...

A TPM BARRAQUEIRA é a da mulher que quebra vidro, fura pneu, enfia o salto alto na testa do namorado. Se um cara te fecha no trânsito, você xinga e quer descer pra matar. Tipo um dia de fúria.

E tem a TPM SOFREDORA. Mas veja, a TPM SOFREDORA não é igual à TPM DEPRESSIVA. Na TPM

SOFREDORA você já tá mal e como se não fosse suficiente, você ainda vai atrás de uma música de fossa, que te faz ficar pior. Quando você vê, você própria começou a dramatizar, a representar, pegou o carro, saiu dirigindo e de repente começou a chorar copiosamente, como se estivesse dentro de um filme. O legal é que, às vezes, mas só às vezes, você pode ficar tentada a dirigir olhando no retrovisor pra tentar ver o que os outros veriam se estivessem te olhando chorar. Porque a gente mesmo nunca se vê chorando, né? Então fica aquela curiosidade: será que eu tô fazendo bem esse papel? Só que pode acontecer de você olhar no retrovisor e cair na risada diante da patética imagem de voc& amp; ecirc; com a cara toda borrada de rímel, chorando como uma louca, já sem saber o porquê.

E tem a **TPM MIX**, que é igual ao furacão Katrina! Quando o furacão Katrina chega, a pior coisa que pode acontecer são as soluções que os homens ou a família tentam achar pro seu estado: (não, não tô bem, ninguém me ama, eu te odeio e vou dar um tapa na sua cara, posso comer sua mão?). Os homens tentam ajudar e tentam fazer alguma coisa. É até com uma boa intenção, mas como a gente sabe, de boa intenção o inferno tá cheio, e nesse momento tudo o que você precisa é de silêncio, brigadeiro e compreensão (uma viagem pra Paris também super resolveria, sempre, aliás, resolveria quase tudo! Acabei de decidir: vou pra Paris AGORA. Mentira, não tenho dinheiro.)

Então, peloamordedeus (ou do diabo): não fala pra eu me acalmar. Se eu conseguisse me acalmar, eu tava calma. Não diz pra eu ir no salão de beleza (Por quê? Por que é que é meu cabelo tá tão feio assim?). Não diz que eu vou me sentir melhor com o cabelo arrumado e as unhas feitas. Porque salão em dia de TPM é pior que o inferno. A luz do espelho potencializa o seu mal-estar. Você se sente muito feia, um canhão com um holofote em cima de você. E o salão de beleza não é essa beleza toda que os homens imaginam: um monte de mulher bonita tomando champanhe gelado e comendo morango. Tem o barulho infernal do secador. Tem manicure ouvindo (e às vezes cantando) Zezé di Camargo e Luciano, bem alto. E tem um imenso roteiro de desgraças que as manicures e cabeleireiras contam: "cê viu a filha da Albertina que fugiu com um traficante?". Aí você sai do salão com as unhas molhadas, as mãos pra cima parecendo um *Tiranossauro rex*, vai sujando tudo o que toca com aquele óleo secante, tomando todo o cuidado do mundo, mas de repente o pior acontece: você encosta em alguma coisa e estraga o seu esmalte. Parece um problema fútil? Uma coisa fácil de resolver? Sim, e é. Mas não na TPM.

Um conselho: se a sua namorada ou mulher está no modo TPM FURAÇÃO KATRINA, afaste-se. Nada de ficar... como se diz... no olho do furacão, porque é bom você saber: uma mulher na TPM estilo furacão Katrina pode furar os seus olhos. Todos eles. Entenda como quiser.

Dizem que quando mulheres convivem juntas, seus ciclos menstruais sincronizam. Dependendo do número de mulheres, isso pode proporcionar a maior festa do absorvente do planeta. Ou a maior TPM que o mundo pode suportar. Eu fico imaginando como seria se a TPM estivesse sincronizada num convento, por exemplo. Independentemente da religião, são mulheres, muitas mulheres, à beira de um ataque de nervos, todas de uma vez. E pior: são casadas com o mesmo marido, um cara que é onipresente, e de quem elas não podem nem falar mal que Ele está lá para escutar. E ainda pior: reclamar o quê, de Deus? Se for pra trair, a concorrência está no inferno, e trair como? Ainda mais com essa sogra santa! Se tem um marido que pode dizer EU DEI TUDO PRA VOCÊ é Ele. Ou cumprir literalmente o que diz a música: "tá vendo aquela lua que brilha lá no céu? Se você me pedir eu vou buscar só pra te dar".

A FELICIDADE NÃO MORA NUMA CALÇA 38

A felicidade não mora numa calça 38. Mora na 36. Mentira!!! Porque assim... você, querida, que está tentando emagrecer, está querendo agradar a quem? De verdade, você mesma? Tem certeza? Se você está obesa devido a problemas de saúde, você realmente precisa emagrecer, mas se você está bem de saúde e apenas está fora do padrão de magreza, pare de pirar. Estou falando de gente que usa 40, 42, 44 e que morre por não poder ir à praia porque está se sentindo gorda. Eu mesma sinto saudade de quando eu era criança, quando a maior preocupação da minha vida ao ir à praia era não pegar um bicho de pé... por isso eu tenho inveja daqueles tiozinhos barrigudos que vão à praia e não estão nem aí pra gordura localizada deles. Ao contrário: acham o máximo conseguir equilibrar a latinha de cerveja em cima de suas panças.

ATENÇÃO! Este não é um capítulo pra malhar pessoas que malham! Apenas para libertar as escravas dessa regra... Vida saudável, sim, psicose não. Quando eu tinha 15 anos, eu era bem gordinha. No final do terceiro ano tinha uma viagem pra Porto Seguro e como eu não era nada comportada (eu era maluca inconsequente, ficava bêbada com três cervejas e queria jogar minha virgindade ao vento), minha mãe não deixou eu ir (boa, mãe! Eu teria voltado com problemas com álcool dessa viagem, e tudo que te falei na época para te convencer a ir era mentira). Eu fiquei chateada, mas uma parte de mim comemorou. Porque eu era gorda e ia ter que botar biquíni, e nada mais assustador pra uma gordinha que um biquíni, aquele pequeno pedaço de tecido que denuncia tudo o que você quer esconder, que te faz desejar morar na Antártida só pra passar o ano inteiro de sobretudo. Eu sei como é se sentir assim.

Mas aí você vai dizer: mas estou muito acima do peso! Acima do peso pra quem? Baseado em que padrão? Naquela época eu usava calça 42 e achava que a felicidade era uma calça 38. Eu sempre odiei dietas e nunca consegui seguir nenhuma. Ou tentava seguir todas ao mesmo tempo. Só quando desencanei é que consegui emagrecer. Então posso dizer: se alguém te chamar de gorda, diga que você não está com o peso errado, você só nasceu na época errada. Lembre-se que nas pinturas renascentistas as mulheres mais atraentes eram as mais cheinhas... Renascentismo patrocinado por uma rede de *fast food*! Hoje em dia a psicose é tanta que até o brigadeiro tem que ser light, ou tem que ser de *whey protein*, ou de qualquer coisa que tente copiar desesperadamente o sabor "Nossa, esse brigadeiro *fit* parece muito com o normal!", sendo que só existe uma coisa no mundo que parece muito e tem muito gosto de brigadeiro: **BRI-GA-DEI-RO!!!**

Este capítulo é pra você se aceitar, se amar, se beijar, tá, nem tanto, a parte do beijar não precisa. Apesar que, uma vez, eu estava completamente bêbada e sendo vela de muitos casais também bêbados numa festa e resolvi me beijar no espelho, de língua. Eu precisava daquilo? Não. Foi legal na hora? Sim. Só na hora? Sim. Foi constrangedor? Foi. Alguém que estava na festa lembrava dessa cena? Não. Agora que eu coloquei num livro lembrou? Sim.

O IMPORTANTE É VOCÊ SER SEGURA

Não, amiga, SER SEGURA não é trancar as portas, nem fazer amizade com o guardinha que passa de bicicleta apitando no seu bairro só pra ele ficar mais tempo na frente da sua casa. Ser segura é ter alta autoestima. É parar com essa palhaçada de humildade e modéstia, olhar no espelho e dizer "eu sou linda sim", mesmo que você não seja!

Feche esse livro e vá pra frente do espelho e se faça um elogio. Vai, tô falando sério.

Agora volte e abra o livro.

Agora feche.

Agora abra. Agora feche.

Agora abra.

Viu como faz um ventinho?

(Por que me deixaram escrever um livro? Não tenho maturidade! Mas obrigada por comprar! Te agradeço. A proprietária do meu apartamento também agradece.)

Não acredite em tudo o que você vê. Mesmo que esse tudo seja você. E cuidado com o que você não vê. Não seja a pessoa de 230 kg querendo entrar à força em uma calça 38. Porque aí é infelicidade na certa. Aceita que dói menos. Aprenda a se vestir de acordo com o seu corpo. Como? Não sei. Sou humorista, não estilista.

E se é verdade que você é aquilo que você come, então ótimo: sou uma linda coxinha de frango com catupiry, enorme sucesso nas festinhas!

E PARA PROVAR
QUE EU NÃO
TENHO NENHUM
PROBLEMA
DE ACEITAÇÃO,
VOU COLOCAR
AQUI UMA
FOTO INÉDITA
MINHA
DE BIQUÍNI.

VIRE A PÁGINA!

NESSA HORA
EU TINHA
IDO BUSCAR
UM CÔCO!

ACADEMIA: PAGUEI, NÃO FUI, PAGUEI DE NOVO, CONTINUEI NÃO INDO.

Esse lugar iluminado demais, com gente animada demais e suada demais me dá arrepios. Esse culto exacerbado (nossa, que palavra bonita!) ao corpo faz com que eu perceba o quanto os valores estão deturpados e o quanto a minha bunda está mole. Eu já tive uns 54 "primeiro dia de academia", o que significa que eu já fiz umas 54 avaliações físicas, aquela porra daquele teste desgraçado que vai te provar cientificamente o que você já está cansada de saber: você precisa se exercitar.

Além da pesagem, que pra mim, por muitos anos, foi motivo de desespero, o avaliador físico tem uma ferramenta criada por Satanás que belisca a sua banha e te diz em números o quanto você está gorda: o adipômetro (confesso que tive que ir no Google pra ver o que era esse nome infeliz, porque eu sempre chamei de beliscador do Capeta). E, pasmem, no meu último "primeiro dia" eu fui fazer essa avaliação e eu já estava magra, pela primeira vez na vida. Pensei: "quero ver me humilhar agora, bando de filho de puta". Entrei na academia caminhando à la Beyoncé, balançando o cabelo, pra chegar na hora do belisco de banha e o Zé da avaliação dizer: "então Bruna, seu peso está bom, mas você tem 78% de gordura corporal". Ou seja, minha massa magra tá gorda. Sou feita de ossos e banha. Ele ainda disse: "você é uma falsa magra". Falsa magra? Falsa amiga, pessoa falsa tudo bem, **MAS NÃO VENHA ME DIZER QUE SOU FALSA MAGRA!** Depois subi na esteira e corri menos do que uma senhora de 80 anos, e na hora do alongamento não alcancei meu joelho.

Quando eu era mais nova, o avaliador determinou que meu peso ideal era 54 kg, e eu tinha 72 kg na época. Foi o "primeiro dia" de academia mais rápido da minha vida, saí de lá correndo e fui chorar na padaria, comendo coxinha.

Saindo da avaliação, o instrutor, sempre muito animado e irritantemente determinado, te passa seu primeiro treino: uma ficha com nomes de aparelhos que você não faz a menor ideia do que sejam e que ele vai te apresentar, mas no ritmo dele: "esse é o adutor, o extensor, o Walmor, o empuxador, o esticador, ai que dor, e o levantador". É assim que eu entendo. Ele te passa o seu roteiro, te dá umas palavras de incentivo, te chama de franga, grita VEM MONSTRO e some. Pronto, você está sozinha naquele mundo estranho e cruel, com sons de peso batendo no chão e urros animados.

Aí você começa a olhar ao redor e percebe que a maioria dos frequentadores são sarados, se conhecem, estão amando estar ali e que as mulheres estão devidamente vestidas para a ocasião. Você começa a se sentir meio deslocada e percebe que ter vestido a camiseta que você usa pra dormir, aquela da campanha de um vereador de 1996, com a calça que você usa pra colocar o lixo pra fora, não foi a melhor opção. E a dúvida é: academia é pra malhar ou pra desfilar? Até então a única coisa malhada e surrada é a sua autoestima.

E mulher que não sua? Que está maquiada, cabelo escovado, erguendo 50 kg e não tá suada? A vontade é de chegar nela e perguntar: "oi, com licença, será que eu posso dar uma olhada no seu sovaco? Não é possível, eu estou erguendo um peso de 3 kg e já tem duas pizzas na camiseta: uma calabresa e uma quatro queijos". Mas você não pergunta nada, porque ninguém conversa com você. Os sarados têm uma linguagem e uma conversa só deles e parece que você não entende, não se encaixa e é mais ignorada do que aquelas mocinhas oferecendo cartão de crédito na porta das lojas de departamento.

Aí você faz o seu treino morrendo e odiando o instrutor, que de vez em quando volta e diz: "tá sofrendo por quê? Com esse bracinho grosso tem que levantar peso". **QUERIDO, EU ESTOU GORDA, NÃO FORTE.** Você termina o quanto antes e corre pro vestiário pra tomar banho? Claro que não! Banho você toma em casa. Você cata a sua bolsa e some porque tudo o que você não precisa é ver aquelas mulheres saradas sem roupa.

Segundo dia de academia: esse é um assunto que não domino porque conheço muito pouco.

Segundo mês de academia:

ISSO EXISTE??

Existem as ratas de academia. Eu pelo jeito sou *hater* de academia, mas não me orgulho disso, juro que vou continuar tentando, por uma questão de saúde, e porque olhar o corpo da Madonna com quase 60 anos me faz querer chorar na padaria comendo coxinha.

PEQUENO MANUAL DE SOBREVIVÊNCIA NAS REDES SOCIAIS FEITO POR QUEM SE IRRITA FACILMENTE NA INTERNET

OPINIÃO

Lembre-se: tudo o que você disser será usado contra você sim! E aquele texto de 2013 que você postou cagando regras sobre qualquer assunto pode vir à tona novamente em 2018 se, por acaso, ocorrer o inaceitável no mundo da internet: VOCÊ MUDAR DE IDEIA.

Então, poste sim as suas opiniões, mas prepare-se para os facechatos investigadores da sua vida.

INTIMIDADE

A verdade é que a nossa vida está virando um *reality show*. Eu posso falar muito bem sobre isso porque sou viciada em Snapchat e meus seguidores acham que eu morri se eu não postar que acordei. Mas CALMA AÍ SRA. KIM KARDASHIAN: postar o que você comeu tudo bem, postar quem te comeu logo após o ocorrido não precisa, ok? Lembrando que o nascimento de um filho é uma coisa maravilhosa, um momento lindo que deve ser guardado pra você, seu filho e o pai da criança, porque não queremos fotos do cordão umbilical nem da criança vindo ao mundo!

PROFISSIONAL

Seriedade é uma coisa muito séria. Quando eu era mais nova estava tentando ingressar no mercado de trabalho (o que significa que eu estava procurando qualquer trabalho que me tirasse de casa no horário comercial, porque a sociedade não aceita que você assista *Vale a pena ver de novo*), e estava procurando um trabalho que me pagasse qualquer coisa a mais do que um pastel e um refrigerante, só pra jogar na cara da minha mãe e da sociedade cruel e insensível que não me deixa apreciar o trabalho da Regina

Duarte fazendo a Helena pela milésima vez. Na época, eu ainda usava meu e-mail de adolescente, que era brunasapeca@hotmail.com, um e-mail nada profissional. Ou melhor, para uma profissional do sexo até poderia ser. Mas o que diabos uma profissional do sexo faria com um e-mail? E outra, existe esse status "profissional" e "amadora" do sexo? Quem define isso? Tem curso técnico? Seria o uso adequado da prova oral?

Voltando ao meu e-mail inocente/adolescente/incoerente. Todo mundo me dizia que eu precisava de um e-mail mais sério para conseguir um emprego. E fazer um e-mail legal não é uma tarefa simples, porque misteriosamente o seu nome já foi combinado de todas as maneiras imagináveis por outras @. A não ser que seu nome seja Constantély. Aí, há enormes chances de o seu e-mail ser constantely@gmail.com. Pronto, Constantély, arranjei um ótimo motivo pra você parar de odiar seus pais. Enfim, como sou muito contra a combinação de nome+números+@ (nada mais vergonhoso que astolfo19@) eu resolvi fazer um e-mail que transmitisse essa mensagem séria e profissional daquela fase da minha vida. Então criei o brunasuperseria@yahoo.com.br.

Não sei que maldição foi jogada nesse e-mail, mas eu nunca consegui pronunciar o desgraçado sem cair na risada.

SÍNDROME DE MÃE NO FACEBOOK

A pessoa não precisa ser necessariamente mãe para ter essa síndrome tão conhecida no mundo virtual. Basta ter alguns desses sintomas:
- Não saber a diferença entre curtir e compartilhar, e compartilhar tudo o que vê pela frente;
- Acreditar mesmo que se você não compartilhar uma imagem de Jesus ele vai ficar bem chateado;
- Postar vídeos de gatinhos ou bichinhos dando bom dia ou boa semana;
- Postar fotos constrangedoras de infância dos parentes;
- Comentar naquela foto que marcaram a amiga, na qual ela está completamente bêbada, algo do tipo: MUITO BONITO, HEIN MOCINHA?;
- Não entender a função do INBOX e postar na *timeline* da amiga: AQUELA CALCINHA BEGE QUE ESTÁ NO CHUVEIRO É SUA?

SÍNDROME DE MENDIGO VIRTUAL

Se você é do tipo que mal conhece alguém e já obriga a pessoa a te seguir em tudo: pare, apenas pare. Não tem nada mais constrangedor do que estar com o telefone na mão e a pessoa estar em cima de você ditando todas as redes e esperando você seguir. Se você é do tipo que escreve no Instagram de todo mundo SIGO DE VOLTA, você me irrita profundamente. Atenção: seguidores só valem dinheiro para quem trabalha com isso. Para todas as outras profissões não faz o menor sentido. Você que é médica não vai na padaria comprar dez pães e pagar com seguidores, então sem desespero.

INDIRETAS
MINHA NOSSA SENHORA DO ESSA FOI PRA MIM, Maneirem nas indiretas! Eu tenho um super problema psicológico de sempre achar que a porra da indireta é pra mim, ainda que eu não conheça a pessoa! E eu fico mega intrigada com indiretas, mesmo depois que concluo que não foi pra mim, até porque nunca namorei a tal Mariana Carvalho e nem estou indo na zona todos os dias, como ela apontou. Mas eu quero saber PRA QUEM FOI ESSA INDIRETA. E dependendo do tempo livre que eu tenho, e eu sempre tenho tempo livre pra fazer coisas inúteis (vide página 70, ou segura essa peteca e espera até chegar lá), eu começo uma verdadeira investigação pra saber quem é o alvo da cutucada. Sim, é o CSI da indireta alheia. Fuço perfis no Facebook, fotos velhas no Instagram, frases soltas no Twitter, até que TCHARAMMMM! Descubro que quem tá viajando pro Caribe, mesmo devendo pro José Carlos, é a Ana Maria. Olho com sarcasmo pra foto da Ana,

sorrio e penso: danadaaaaaaa. E sigo a minha vida. Mas nessa perdi umas duas horas, mais meia hora invejando o insta da Ana Maria que está no Caribe. Então por favor, eu te peço, sejam diretas, até porque indireta é coisa de quem tem 13 anos. E se você tem mais de 13 anos, tá na hora de crescer queridinha, porque enquanto você perde tempo me mandando indireta no face, teu *boy* não para de me mandar whats! (Uma indireta ficcional só pra matar a minha vontade de um dia mandar uma indireta pra alguém.)

ESTAPEAR O EX, SIM! STALKEAR, JAMAIS!

O que não fazer, nunca, jamais: *stalkear* o ex!

PARE!

Você já fez isso, eu sei. Mas você está correndo muitos riscos.

RISCO 1: Você vê que ele está lindo, mais magro e namora uma gostosa.

RISCO 2: Você vê várias fotos dele sem camisa abraçado com outros caras também sem camisa num show da Britney Spears e se toca porque sua base da Mac não durava nada enquanto vocês estavam juntos. Nada contra os caras que usam base da Mac! É sempre bom ter um veado por perto, mas não como namorado. E nenhum preconceito contra heteros que se maquiam, mas pagar 300 reais numa base é duvidoso.

RISCO 3: O maior e o mais destrutivo: Você pode curtir uma foto do desgraçado sem querer! ENTÃO FIQUE LONGE DAS REDES SOCIAIS DO FALECIDO!

Isso vale também para as redes sociais da nova namorada do ex, porque tudo o que você vê ali você vai começar a odiar. Por exemplo: ela posta que ama Coldplay, e você também gosta dessa banda, mas a próxima vez que você ouvir uma música deles você vai jogar uma faca afiada no rádio. Eu chamo esse efeito de "mijar na música". Ele acontece quando uma música te lembra muito alguém e de repente você começa a odiar esse alguém. Pronto, mijou na música. E o ódio pode englobar tudo: objetos, restaurantes, filmes, países e até pessoas. Por exemplo, você está lá stalkeando a namorada do ex e encontra nos amigos em comum o Silvinho, que era do diretório da faculdade. O que você pensa? PORRA, SILVINHO! Até você? Não esperava essa punhalada pelas costas!

Então, cuidado! A única possibilidade de você *stalkear* o ex e sair feliz é: ele engordou, tá pobre e namora uma mulher horrenda. AÍ SEGURA OS FOGOS DE ARTIFÍCIO.

Pra você que é homem e resistiu até aqui: PARABÉNS! Mande um tuíte pra mim no @abrunalouise com a hashtag #sobreviviateaqui #naotafacilpraninguem

Pra você que é gay e está aqui me mande um tuíte com a seguinte frase uhuuu adoro #saidoarmarioprabrilhar #cherdeusa #boymagiamepossuaagoraquetoprecisada. Manda, gente, vamos fazer amizade, adoro uma *beesha*.

"TÔ MELHOR SEM VOCÊ"

Eis que numa segunda-feira cinza (uau, pareci uma escritora séria agora) você abre sua *timeline* e descobre que um casal de amigos acabou de se separar, o que é sempre uma situação meio chata, principalmente se você é amiga dos dois. Passados dois ou três dias, pode começar uma disputa, uma verdadeira guerra entre os dois. É a guerra do EU TÔ MAIS FELIZ QUE VOCÊ. Os dois começam a postar mil fotos de baladas, viagens, restaurantes, drinks (com aquela legenda irritante COMEÇANDO OS TRABALHOS) e pernas à beira da piscina. Aí você me pergunta: Bruna, mas você já falou de indiretas! Mas essas não são indiretas, são verdadeiras balas de canhão na cara da outra pessoa, fotos de aventuras e momentos sensacionais, como se o fim do namoro fosse a libertação da escravidão (nesse caso, a princesa Isabel seria uma linda *stripper* cobrando 350 reais por hora). Querido ex-casal, por favor, isso não é legal. Todos os amigos entendem essa batalha, sabem o quanto é infantil, e sabem que no fundo vocês chegam em casa depois da bebedeira e choram ouvindo aquela música que tocou quando vocês se conheceram. Então menos, bem menos. E por favor, nunca, em hipótese alguma, obriguem os amigos a tomar um partido nessa briga. Como diria madre Teresa: "ninguém me chamou na hora de transar, então não me chame na hora de brigar". Ok, ela não falou isso, fui eu, mas ela tem mais credibilidade.

NUNCA FAÇA UM PERFIL DE CASAL!

Em nenhuma circunstância crie um perfil de casal. O Mark Zuck criou uma ferramenta incrível chamada "relacionamento". O status "em um relacionamento sério" já é suficiente pro mundo entender que esse homem é seu. Você não precisa criar um perfil Jéssica e Valdemar. Porque aí os amigos do futebol vão marcar todos os caras do time e vai aparecer lá: Marcão, Jair, Cleyson, Jéssica e Waldemar. Perfil de casal é uma roubada! É um atestado de insegurança! É quase como tatuar o seu nome e o do namorado que depois vai virar ex! Antigamente, os casais apaixonados escreviam seus nomes em árvores centenárias, depois quando acabava o amor dava pra mandar uma serra elétrica derrubar a árvore. Se bem que, hoje em dia, você seria presa por crime ambiental, mas pelo menos dessa árvore caída sairia algum papel: o papel de trouxa que você fez. Mas de qualquer maneira, se você tatuar seu nome com o do ex no braço, não dá pra cortar, né? E se você pensar na possibilidade de cobrir os nomes com outra tatuagem é porque você nunca namorou um Waldysnellsson.

    E sim, perfil de casal é tão perturbador quanto tatuagem! Não caia na armadilha de que depois basta você ir lá e apagar o perfil! Porque depois você vai ter que adicionar todo mundo novamente com a sua foto sozinha, e serão 789 pessoas perguntando o que aconteceu. E aquela velha desculpa que vocês não terminaram, que na verdade ele foi abduzido, não cola mais. Já tentei.

NÃO FAÇA DECLARAÇÕES EXAGERADAS NAS REDES SOCIAIS!

"Momoxxxinhu" e palavrinhas fofinhas e fofuxas podem ficar só entre quatro paredes. Só entre vocês dois. Até porque, e se o seu futuro chefe se deparar com o perfil Jéssica e Waldemar em que você chamava o Waldemar de Momoxxxinhu? Picuruxo? E pode achar que você tem problemas com a letra X.

E pelamor! Ninguém tem o menor interesse em ler seus pensamentos quando você está saindo b3bad@ da b4lada! Menos ainda se os seus pens@ment9s estiverxm direciojados ao ex que te deu um for@! Aliás, nunca é demais repetir: se for dirigir, não beba.

SE FOR BEBER, DESLIGUE O CELULAR.

PRIMEIRO ENCONTRO É MAIS CHATO QUE HORÁRIO POLÍTICO

Ele te leva num restaurante bonito, cheio de taça na mesa e com guardanapo de tecido. RIQUEZA!!! Tem uma musiquinha ambiente tocando versões acústicas de músicas pop, o cara é lindo, o papo demais, só que daí toca Coldplay e você lembra da puta da namorada do seu ex porque a vaca mijou em Coldplay! Concentra! O que pedir? Salada? Pra ele achar que eu sou magra? Mas aí ele vai achar que eu sou aquelas frescas que não comem nada. Uma massa? Mas aí ele vai entender o porquê desses braços roliços de polenteira. Já sei, vou dizer que tô sem fome, mas aí vou ficar bêbada com esse vinho e vou acabar a noite batendo cabelo e cantando A LUA ME TRAIU! Vou pedir uma carne. E se ele for vegetariano? Vai achar que eu sou uma assassina sanguinária! Vou perguntar o que ele vai comer e vou pedir igual. Mas aí ele vai achar que eu não tenho opinião própria! Ai que saco! Odeio primeiro encontro. Como eu pulo pra aquela fase que a gente come tudo e já há intimidade suficiente pra perguntar pro cara se o dente tá sujo?

    A verdade é que conhecer alguém é um saco. Pode parecer legal, novas histórias, novas manias, sexo diferente... Mas esse é o grande problema: a verdade é que a primeira transa de um casal é bem desajeitada. Você não tem tanta intimidade, e de repente, pode acontecer de um apertão meio forte demais, uma puxada no cabelo sem aviso que te faz se arrepender de ter colocado aplique naquele dia, grunhidos estranhos, gemidos que te fazem questionar se é prazer ou se é uma incrível representação de uma hiena à beira da morte... e um xingamento que era pra ser sexy ou selvagem, mas te faz lacrimejar e querer processar o infeliz, simplesmente estragar tudo.

A EQUAÇÃO SEXUAL QUE NÃO BATE

É claro que você sabe que no mundo ainda predomina a cultura do homem de achar que comer geral é bonito e necessário, porque vivemos numa sociedade onde muita gente ainda acha que homem que é homem tem que comer muita mulher, e aí eles ficam achando que sabem tudo de sexo. Essa matemática do sexo é uma incógnita pra mim. Pra maioria da sociedade, se você é mulher, quanto menos você der, melhor você é. Se você é homem, quanto mais você comer melhor você é. Equação matemática que não fecha. Se você, homem, tá falando que comeu cinquanta e as mulheres dizendo que deram para no máximo, dois caras, quem é que você tá comendo?

O número não importa, porque o homem não precisa comer tanta mulher pra ser homem. Você, meu querido, tem um pinto ou um corrimão? E gente, a mulher transa com quem quiser. "Ai, mas o que ele vai achar de mim se eu der no primeiro encontro? Que eu não sou para casar?". Querida, se ele pensar isso de você, quem não é para casar é ele!

O QUE ELES PENSAM QUE A GENTE PENSA

Esses dias achei no Facebook um texto de um cara agradecendo ao feminismo, pois o feminismo estava ajudando homens a transarem com mulheres sem assumirem qualquer tipo de compromisso. Nos comentários desse post, vários salves e glórias ao macho que tinha feito uma enorme descoberta. Eu ri. Ri porque tentei entender o que eles pensam sobre as mulheres, e concluí que: eles acham que, antes do feminismo, todas as mulheres que já passaram na cama deles estavam desesperadas pra casar com eles.

Queridos homens, não estamos desesperadas pra casar, acreditem. Isso poderia acontecer no tempo em que não podíamos trabalhar fora de casa e que precisávamos de um homem que nos sustentasse. Mas agora que temos nossas carreiras, só casamos por amor, e não, **NÃO AMAMOS TODOS OS CARAS COM QUEM JÁ TRANSAMOS.**

Os homens precisam parar com essa bobagem de achar que sexo sem compromisso é uma vontade exclusiva deles! Eles juram que te levaram pra cama só porque estavam num camarote com a bebida que pisca. Se uma mulher está transando com alguém é porque ela quer, e, geralmente, ela já sabe que quer antes de sair de casa. É só conferir a calcinha que ela está usando. Se ela estiver com uma calcinha sexy, bonita, ou qualquer calcinha preta, ela provavelmente já estava com essa intenção. Se ela estiver usando calcinha bege na primeira transa, então realmente esse cara a convenceu.

Mas eu fico me perguntando o que eles pensam quando recebem uma mensagem na sexta-feira às três da manhã dizendo: "e aí? O que tá fazendo?". Será que eles pensam: "ela está tão apaixonada que levou sete horas escrevendo essa mensagem? Porque com certeza ela queria sair comigo para jantar". Não! Provavelmente ela está numa balada sem ninguém interessante, a melhor amiga foi embora com um *boy* e ela pensou em você pra terminar a noite. Talvez não tenha achado nada mais interessante... INSENSÍVEL? Sim, mas homens fazem isso com mulheres o tempo todo... "Mas homens tem suas necessidades" (estou revirando meus olhos aqui e ficando vesga, pera). O mundo precisa aceitar que mulheres também têm tesão, tchau.

O JOGO DA SEDUÇÃO

Joguinho desgraçado esse jogo da sedução! Tenho raiva, porque diferentemente do banco imobiliário que você jogava quando era criança, esse jogo não tem as regras escritas atrás da caixa.

Então você começa a jogar sem realmente entender o que está fazendo, e sempre tem alguém pra gritar as regras pra você depois que você já jogou errado: **VOCÊ NÃO PODE MANDAR MENSAGEM PRO *BOY* DUAS VEZES SEGUIDAS, TEM QUE ESPERAR ELE RESPONDER.** Ou: **ESPERE O TELEFONE TOCAR PELO MENOS TRÊS VEZES OU VAI PARECER DESESPERADA.** Ou: **NÃO SEJA A PRIMEIRA A APRESENTAR SEUS AMIGOS OU ELE VAI ACHAR QUE VOCÊ ESTÁ MUITO INTERESSADA!** Sim, são MUITAS REGRAS. E, pelo o que eu vejo, essas regras estão no inconsciente coletivo, porque não vejo nenhuma delas escritas por aí, mas parece que todo mundo sabe. Eu me sinto tão perdida. É o mesmo sentimento que eu tinha quando era criança e ia na missa, mas esquecia de pegar aquele folhetinho, aí todo mundo lia e sabia exatamente o que responder, e eu ficava perdida dizendo ROSANA NAS ALTURAS enquanto todo mundo falava AMÉM.

Jogo de sedução é aquilo: tem gente que ama e tem gente que odeia. Eu odeio. Odeio ter que ficar interpretando. O que significa esses emoticons? O que ele quis dizer com essas reticências? O que diabos significa um coração azul? É paixão? É amizade? É sexo? Significa que ele só funciona com Viagra? E o coração verde, é maconha? Pra mim, o jogo da sedução é um tabuleiro. Elogio, avança uma casa. Visualizou e não respondeu? Volte três casas. É charmoso, me fez rir a noite inteira e é inteligente? Avance pra minha casa! Desistiu de fazer uma coisa legal pra ficar comigo enquanto eu estou doente? Ganhe uma vida. Mentiu que foi dormir e foi pra balada? Perdeu todas as vidas!

Agora, quem é o filho da puta que escreve as regras desse jogo? Com quem que falo pra mudar? Seria muito melhor se tudo fosse resolvido no par ou ímpar. Quem é o primeiro a ligar? Quem é o primeiro a dizer "eu te amo"? O problema da mulher é que ela entra em qualquer partida amorosa como se fosse jogar um clássico. Conheceu o cara na noite passada e pensa que vai pra final da Libertadores com ele... enquanto o cara só está jogando uma pelada. Porque o objetivo final do jogo, você sabe, é a pelada. Você pelada!

Como vocês puderam perceber, eu sou a pior pessoa do mundo pra falar desse tal jogo, e por isso mesmo vou demonstrar alguns pontos pra você que pode estar ainda mais perdida do que eu.

REGRA 1

Quem está de fora sempre tem mais discernimento pra ver as regras, então se estiver com dúvidas pergunte pra outras pessoas, faça uma pesquisa, compre um uniforme e uma pastinha e finja que você é do IBGE e saia de porta em porta contando a sua história: como conheceu o cara, o que ele disse, o que você falou. Não esqueça nenhuma vírgula para não mudar o contexto, isso pode ser o diferencial pra você saber o que esse cara quer mesmo. Se achar que isso vai dar muito trabalho, embebede uma amiga, sempre funciona.

REGRA 2

Tente identificar qual é o jogo que ele está jogando. **ESCONDE-ESCONDE:** esse é bem óbvio, você manda mensagem na sexta e ele te responde na terça ou nunca mais. Grandes chances de ele ser casado ou ter problema sérios com bebidas, ah, ele pode estar viciado em Pokemon Go também.

RPG: esse é um pouco mais complexo, porque você precisa identificar se ele está ou não interpretando um personagem. Geralmente, o cara RPG assume o personagem romântico que quer compromisso sério. Ele pode até decorar falas e trejeitos de alguma comédia romântica, o problema é que dificilmente ele está fazendo o lindinho só no seu tabuleiro. Ele pode estar usando a mesma jogada em outros campinhos de futebol (estou amando fazer essas comparações, me sinto redatora de revistas femininas que nunca usam o termo vagina, mas sempre belas metáforas). E o pior do RPG é que a gente também acaba assumindo personagens. Vai me dizer que você nunca fez a super santa enquanto estava num clima mais devassa doida?

BANCO IMOBILIÁRIO: Esse é o mais jogado na balada. É quando o cara está literalmente tentando comprar sua atenção: ele te leva pro camarote, paga bebida pra geral, enfim, faz aquela ostentação pra demonstrar o quanto macho alfa ele é. Na cabeça dele, quanto mais riqueza, mais casas ele avança; quanto maior o carrão, maior a umidade da nossa calcinha (cuidado com esse joguinho, porque se o cara realmente acredita nisso, o sexo será terrível!). O que eles precisam entender é que queremos um bom papo porque podemos pagar nossa própria bebida, e dispensamos o carro, ainda mais agora com o Uber. E o motorista é mais simpático que muitos caras por aí!

WAR: Esse acontece quando o cara nota que você não está tão a fim dele e começa a querer conquistar todos os ambientes em que você vive. Ele vira melhor amigo dos seus amigos, se oferece pra prestar um serviço na sua empresa, impressiona todo mundo e ainda leva uma torta de banana pra sua mãe no domingo, mesmo que você não tenha convidado o infeliz pro almoço. Quando você se dá conta, não existe mais pra onde fugir, ele está em tudo. Ou ele te conquista e ganha o jogo ou você volta duas casas e começa o esconde-esconde.

BOOMERANG: Esse é o jogo do cara que você dispensa e ele está sempre voltando. Persistente, resistente, chato. Ele acredita nas desculpas mais esfarrapadas do tipo: "não te retornei porque passei o final de semana abduzida".

REGRA 3

Chega uma hora em que você percebe que cada um é cada um e que essas regras não prestam pra nada! Parabéns!!! Você finalmente está apaixonada! (ou bêbada, sempre tem esse risco.)

A COMÉDIA ROMÂNTICA E A TRAGÉDIA DO SEU ROMANCE

Sabemos o que queremos quando o assunto é relacionamento. Depois do primeiro encontro com um cara já temos o veredicto final:

- A) NÃO QUERO ESSE IDIOTA.
- B) ELE É DEMAIS, QUERO CASAR COM ELE. ALÔ? VÓ? PRECISO APRENDER A BORDAR INICIAIS NAS FRONHAS, BEIJOS.

Adoramos fazer planos, e somos sim muito cobradas pela sociedade pra termos um parceiro. Quem nunca sentiu essa cobrança não tem vó, ou tia-avó, ou qualquer parente. Isso faz com que a gente às vezes se apresse um pouco e se apaixone depois de duas horas de conversa. Mas a gente se culpa muito por se envolver tão rápido com o cara que acabou de aparecer, e ninguém esconde a desaprovação: as amigas falam pra você ir com calma, os amigos te chamam de louca e alertam que provavelmente o gato da vez só quer te comer, assim, sem papas na língua, você sorri e diz EU SEI, CLARO e por dentro seu mundo desmorona, você continua sorrindo, mas seu coração chora ao som de *All by myself*. E com isso chegamos à pergunta desse capítulo:

ME LIGOU, ME COMEU. SOU UMA PIZZA?

Pra isso ter acontecido, há duas hipóteses:

1. Ou você só queria transar e falou ALÔ? OI BETÃO, SÃO DUAS DA MANHÃ, ACABEI DE CHEGAR, QUER PASSAR AQUI EM CASA? Desligou, riu pra você mesma e pensou: "Só preciso achar uma boa desculpa pra ele não dormir aqui". Final feliz, você acordou sozinha no dia seguinte, tomou seu café da manhã cantarolando e foi trabalhar relaxada.

2. Ou você passou a noite de olho no Whatsapp, entrou no Whats dele 736 vezes pra ver se ele estava on-line, prometeu pra si mesma que não ia mandar nada, depois mudou de ideia e se convenceu que um OI é uma questão de simpatia, mandou, esperou os três minutos mais longos da sua vida até que ele mandou um AEEEEEE, que foi o gancho da sua felicidade e o fim do seu desespero. Então você perguntou TUDO BEM? ON-LINE ÀS TRÊS DA MANHÃ? Ele responde TÔ SAINDO DA BALADA, POSSO PASSAR NA SUA? E você fica superfeliz e diz SIMMMMMMM e depois se liga que você não é uma pizza, você é o *fast food* aberto até quatro da manhã.

A maioria de nós já passou pelas duas situações, e a segunda nos fez bater a cabeça na parede de raiva, e nos fez chorar mais do que o volume total das enchentes em São Paulo. Mas reparem em como fomos criadas com esse ideal de paixão instantânea, mais rápida que macarrão instantâneo. É só reparar na linda história de Romeu e Julieta:

RESUMINDO SHAKESPEARE
- OI, MEU NOME É ROMEU.
- OI, MEU NOME É JULI...
- TE AMO
- TAMBÉM
- PARTIU FUGIR?
- PARTIU

Se fosse hoje, a Julieta com certeza ia achar que o tal Romeu só queria uma noite e nada demais, poderia ter, de repente, uma amiga falsiane que ia chegar e falar: olha só Ju, já dei *match* com o Romeu no Tinder. Então, se tudo mudou, por que ainda queremos viver nesse ideal utópico de paixão? Quem inventou o amor, gente? Quem criou esse modelo ridículo?

A verdade é que tudo que lemos ou assistimos nos faz criar uma mega expectativa sobre o romance. Então estamos sempre procurando uma pessoa perfeita, dentro dos padrões que estabelecemos aqui nas nossas cabeças doidas, porque isso não tem nada a ver com coração.

Mas nenhum ser humano jamais vai atender essa coisa de príncipe, príncipes não existem!!! Até porque você não precisa ficar esperando um príncipe num cavalo branco. Se ele estiver de cavalo não é príncipe, é vaqueiro. E, pra falar bem a verdade, eu prefiro Audi!

E você também, fofa, não vai conseguir manter o papel de princesa. Você consegue manter isso por uns dois meses. Só até o primeiro peido, que escapuliu numa crise de riso. A Cinderela foi pra balada, conheceu o carinha, não trocou o Whatsapp, encheu a cara, perdeu os sapatinhos (e talvez a dignidade) e ele ficou atrás dela, bem doido. A Cinderela provavelmente calçava 32 ou 49 porque o sapato dela não servia em ninguém! Mas depois de muita procura na internet por lojas que fazem tamanhos especiais de sapato, ele finalmente descobriu a cliente que sempre ia nos lançamentos de coleção pra tomar o champanhe de graça. Pronto, se acharam, se pegaram e ela está super feliz de não ter que comprar um par de sapato novo!

A Bela Adormecida? Essa doida tomou uma caixa de tarja preta pra dormir por cem anos... Acordou, puta bafão, deu de cara com um *boy* magia, teve um pequeno receio de o príncipe se assustar com as teias de aranha na virilha, mas ele declarou que não era muito ligado em depilação, se pegaram, pediram uma pizza porque a coitada tava varada de fome, fim.

A Branca de Neve teve altas tretas com a madrasta, tomou um doce na floresta com uns noia, achou que estava sendo perseguida, fez amizade com um anão num ponto de ônibus, tomaram uma cachaça de garrafa de plástico e ela até hoje jura que eram sete anões. Conversou com os pombos na rua, gritou com o cobrador de ônibus chamando ele de caçador que queria o coração dela e o pobre homem só queria o dinheiro da passagem. Comeu um croquete no terminal, passou mal e vomitou toda a cachaça e se apaixonou pelo mocinho simpático que segurou o cabelo dela enquanto ela vomitava. Trocaram whats. Ela escovou os dentes. Se pegaram.

Olhando assim, essas histórias não parecem tão românticas, né? Fomos criadas pra esperar a declaração de amor acompanhada de uma cascata de pétalas de rosas vermelhas (o que eu acho cafona ao extremo. Sou bem mais aquele AMO VC deixado na porta da geladeira embaixo da listinha de compras do supermercado).

INTERPRETAÇÃO DE TEXTO: TIVE PREGUIÇA NO VESTIBULAR, MAS AGORA ESTOU INTERESSADA

O maior erro que a gente comete quando tá a fim de um cara é ficar tentando interpretar os sinais dele. Sei de gente que monta uma comissão de mulheres pra tentar descobrir o que significa uma frase besta que ele escreve (gente, é ótimo, é óbvio que já fiz isso, já reuni amigas em casa com o assumido objetivo de decifrar cada vírgula ou o tempo entre uma mensagem e outra, e já fiz também grupo no Whatsapp pra mandar os *prints* da conversa, com esse mesmo propósito. E cada frase gera um verdadeiro julgamento, com advogada de defesa e de acusação, juíza e júri popular, resultando sempre em eu não fazendo nada do que foi decidido). Por que a gente não fica feliz com aquilo que está escrito e pronto? Por que a gente fica procurando o salmo da *Bíblia* por trás da mensagem dele? Por que a gente inventa uma ficção por trás daquilo que ele escreve? Ficção sim, com vários personagens, um mega enredo, onde tudo é a mais pura suposição baseada nos fatos mais insignificantes e discutíveis. Agora, pra gente poder parar de pirar, o Whatsapp deveria criar a opção múltipla escolha pra certas respostas, principalmente pra aquela resposta que a gente mais odeia na vida: não. Veja, a gente já tá se remoendo por ter convidado o Zé bonitinho pra fazer alguma coisa, o mínimo que merecemos É UMA RESPOSTA SINCERA. Então fiz aqui uma pequena sugestão:

Alternativas
A) **NÃO, PORQUE NÃO POSSO.**
B) **NÃO, PORQUE NÃO QUERO VOCÊ.**
C) **NÃO, PORQUE VOU COMER OUTRA.**

Mas não. Você pode ir do céu ao inferno no final da frase em que ele coloca um ponto final, um ponto de exclamação ou as malditas reticências... Sem contar a chance que você tem de roer todas as unhas – inclusive do pé – enquanto o desgraçado está "digitando". Esse "digitando" é um inferno! Depois de alguns segundos a pessoa manda a mensagem e vem nada ou quase nada! Pronto: mais motivo pra piração. Será que ele escreveu e depois apagou? O que será que ele ia me dizer mas desistiu de dizer? Ou será que ele tem sérios problemas de digitação? Quem leva dois minutos pra responder: "Tudo, e você?". E o tempo eterno que você passa olhando pra tela do celular. Você vê que o maldito está on-line. Visualizou. E não te responde... Tem como baixar um aplicativo pra homens responderem na hora? Tipo, não responde, o pinto nunca mais sobe? E que tal eliminar a possibilidade de escrever o maldito OK. Porque é uma maldição. Pra tudo eles usam OK. Um dia ainda vamos poder nos vingar desse OK. "O que você acha do meu pinto?" OK.

A BURRICE QUE É VOCÊ SENTIR A MESMA COISA DUAS VEZES

A palavra ressentimento. Esse prefixo "re-" quer dizer fazer duas vezes, sua mula. A não ser que seja um "re" de ressaca, aí não sei bem o que significa, só sei sentir. Eu não sei se é bem isso, até porque não parei pra procurar. Mas ressentir é isso! Sentir duas vezes o que já te machucou. É como você se cortar e ficar enfiando o dedo na ferida. Acorda! Só quem sofre é você. Quem te fez sofrer não está nem aí. Portanto, pare de burrice! Essa situação é típica diante do famoso **PÉ-NA-BUNDA**. Se fulano não te quis, ele tem o direito! Aceita que dói menos! É perda de tempo. Por que a gente tem que sofrer assim? Para de achar que sofrer por amor é legal, é bonito! Quem inventou o amor, inventou que sofrer é lindo. Então, linda, calcule quanto tempo você está sofrendo pela mesma coisa, veja se todo dia você acorda e lembra: "puta que pariu, Zé bonitinho me deixou, meu dia vai ser uma merda hoje... amanhã vai ser bosta também, depois de amanhã também, semana que vem vai ser mó bosta porque o Zé me deixou, e segunda sempre me lembra ele porque ele odeia segunda-feira, e hoje eu tomei água e lembrei do Zé porque ele sempre tomava água também". CACETE! PARE! ESSE ZÉ É UM SACO E VOCÊ ESTÁ ME DEPRIMINDO. E olha que fui eu que criei você aqui na minha cabeça e mesmo assim você está me irritando.

Todo mundo passa por essas *bads* às vezes. A gente só tem que se esforçar pra transformar essa choradeira Sete Quedas do Iguaçu em gargalhadas, porque não tem nada melhor do que rir da própria cara!

"Mas Bruna, não consigo esquecer o Zé bonitinho, ele era meu príncipe, meu tudo". TÁ, IMAGINE ELE CAGANDO.

COMO DEIXAR PRA AMANHÃ O QUE EU TINHA QUE TER FEITO A SEMANA PASSADA

Eu sou uma PROCRASTINADORA nata. Amo essa palavra. Amo quando inventam palavras que definem uma característica que eu tenho, me sinto enturmada, sabe? Se alguém pergunta: "por que você SEMPRE deixa tudo pra última hora?", agora eu respondo: "sou uma procrastinadora". Se a pessoa não souber o significado da palavra vai pensar: então tá, deixa ela. Outro termo que amo é NOTÍVAGA. Desde que descobri essa palavra descobri também que sou notívaga. Porque eu durmo às quatro da manhã e acordo ao meio-dia, o que pode parecer um absurdo para a sociedade que entra no trabalho às oito da manhã. Agora, respondo aos olhares indignados com a linda frase: "sou notívaga". Alguém sempre diz: "tenho um primo que também é!" Ou: "Caetano Veloso também é". Fim de papo, se o Caetano é, então é lindo. Um dos motivos que me incentivou a escrever um livro foi esse: "Você acorda às duas da tarde?????" "Sim, sou uma escritora notívaga." "Ah tá, então deixa ela".

Queria que inventassem uma palavra linda e complicada pra explicar essa preguiça desumana que eu tenho de ir pra academia. "Bruna, vamos malhar?" "Não vai dar, sou preguisófola". "Ah tá, então deixa ela". Agora, se tem uma palavra que eu odeio é tácita. A primeira vez que ouvi essa palavra eu perguntei: "mas quem é Tácita, gente? É personagem da novela das oito?". Tácita é uma palavra muito feia e por mais que me expliquem, eu não entendo direito o significado. Não gosto, não entendo, não quero saber. Sim, sou uma mulher de palavra. Mas das palavras que eu gosto: procrastinadora e notívaga, por exemplo.

Eu posso dar um milhão de dicas pra ter um emprego, terminar os estudos ou fazer qualquer coisa sendo uma procrastinadora. Comece entendendo que não estamos prontos para lidar com prazos, mas que sem prazos não fazemos absolutamente nada. Pra mim, prazo é uma coisa abstrata, que quando está longe parece que não vai chegar nunca, quando está perto é meu pior pesadelo, e quando chega eu finjo que ele nunca existiu. Quando eu preciso muito fazer alguma coisa eu acabo fazendo outras mil coisas menos importantes que eu estou enrolando pra fazer há meses, só pra me manter ocupada. É uma autodesculpa pra eu não fazer o que eu realmente deveria estar fazendo. Este livro só existe porque amanhã preciso fazer um show de *stand up* com um texto encomendado sobre um tema, e eu nem comecei. Sem contar o fato de que a entrega do livro estava marcada pra dezembro e já é janeiro.

Agora uma dica pra quando o prazo chegou e você não fez o que tinha que fazer. Fracasso certo? Não, ainda temos uma chance, a última, a encheção de linguiça. (Atenção, se você pretende ter um futuro brilhante, pule esse capítulo. Essas dicas são destinadas a pessoas problemáticas que juram que é mais importante apagar fotos do celular do que se preparar pra apresentar um projeto.)

Encheção de linguiça não é apenas falar um monte de besteiras: você tem que saber alguma coisa sobre o assunto (leia o começo, o meio e o final de um texto que fale do assunto que você tem que apresentar, e jure de pé junto que isso é leitura dinâmica) + fale palavras bonitas e complicadas de difícil compreensão + faça uma citação de alguém inexistente com um nome francês ou alemão (sem ideias pra nomes? Consulte abaixo alguns exemplos) e deixe claro que essa citação não está no material entregue, foi só um aprofundamento que a sua curiosidade e encanto pelo assunto te obrigaram a fazer + confiança em tudo o que está dizendo.

Com essa encheção de linguiça + uma ótima desculpa esfarrapada, o sucesso estará garantido!

Exemplos de nomes:
Jean Jacque Bäumler
Luc Vogelmann
Manfred Reinhardt

Exemplos de desculpas esfarrapadas superconvincentes: Não posso escrever porque usei várias com o meu *publisher*.

P.S. ESSA É UMA MEDIDA DESESPERADA! PASSADA A TORMENTA, LEIA REALMENTE O MATERIAL SE QUISER MANTER SEU EMPREGO OU PASSAR DE ANO.

Se você não sabe viver como uma procrastinadora, trate de aprender. Tenha muita paciência, e, acima de tudo, minta: minta prazos, minta horários, sempre adie tudo, porque nós, procrastinadores, nos enrolamos pra tudo, inclusive pra se arrumar para um compromisso. Mullancé diz que os procrastinadores têm dificuldade em organizar seus pensamentos e atitudes por serem extremamente criativos e inteligentes. Mentira, inventei, ninguém disse isso. Mullancé é só a soma de Mulan com a Beyoncé.

ELAS DE SALTO, VOCÊ DE TÊNIS

Uma vez eu estava brigada com o meu ex e tinha uma festa que eu sabia que ele ia. Eu me arrumei! Muito! Eu estava de tomara que caia de couro (sim, super vaqueira), cílios postiços, aplique no cabelo, maquiada que nem uma *drag*, no saltão... Queria mostrar pro desgraçado o que ele estava perdendo. (Tudo bem gente, era o Vitor Hugo, a gente tava num momento indeciso da vida, e ele precisava saber do meu potencial pra GATA MAROTA.)

A gente se arruma porque quer pisar no ex. E é claro que eles se tocam que a superprodução foi pra eles, só que se você aparecer de calça jeans e tênis, ele pensa: "tá largada!". Aí todo mundo diz que tem que ter um meio termo... Mas onde é esse maldito meio-termo? Por que não existe nada pior na vida do que você ir a uma festa onde todo mundo está de salto e você de tênis! Ou vice-versa.

A verdade é que a gente nunca sabe como se vestir pra ir a um lugar. Principalmente se é um lugar que você não costuma ir. Se é um evento, você tem que saber quem é o elenco do lugar, quem é que vai estar lá. "Ah a Fulana perua vai estar", putz, então tenho que colocar um brinco grande. Você sempre pensa nas fulanas. As fulanas são as que estragam a nossa vida. Se for um evento só com homens, beleza, fácil, vou por um tênis, está tranquilo, a "homarada" está toda de shorts, beleza! (Apesar que, homem repara sim e fofoca sim). Mas pra mulher é mais difícil porque tem aquele código: eu não posso estar nem mais arrumada, nem menos arrumada. Tem que ter o equilíbrio da arrumação, todas num padrão. A verdade é que a gente procura estar dentro desse padrão-arrumação pra não chamar muito a atenção. Claro, isso se o objetivo for não chamar a atenção; porque se for, você tem um grande leque de inspirações que vai de Beyoncé até Inês Brasil (alô alô graças a Deus).

HOMENS, falando nisso, eu sei que vocês têm muito mais facilidade de escolher uma roupa, mas isso não significa que vocês não possam se arrumar um pouco. Tem gente, por exemplo, que acha que homem não deve fazer as unhas ou se depilar, fazer a sobrancelha, aparar os pelos; que isso não é coisa de macho. Se o homem se sente mais confortável sem pelos, qual é o problema? E, quanto às unhas, amo unhas bem-feitas. O fato de o cara tirar a cutícula não faz ele ser gay. O fato de ele querer outro macho em cima dele, aí talvez.

Uma coisa que me deixa maluca são essas mulheres que vão fazer viagem internacional e estão mega bem vestidas! Como? "Ai Bruna, tem vários *looks* que são lindos e super confortáveis...". Ok, eu acredito, mas pra que estar linda pra ficar doze horas enlatada dentro de um avião? Ouvindo criança chorar e um tiozinho de 90 anos roncar? Quem é que anda de avião e de scarpin? (como é que eu sei o nome disso?) Só pra fazer uma foto no aeroporto de *look* do dia? Ou pra chegar linda no seu destino? Quem está te esperando no aeroporto? A rainha Elizabeth?

FESTA DE CASAMENTO: MUITA FRESCURA SE O OBJETIVO FINAL É SÓ ENCHER A CARA

Seu namorado te liga falando que semana que vem tem um casamento. Você responde O QUÊ? SEMANA QUE VEM? NÃO VAI DAR TEMPO, CAGOU, FUDEU. Aí está o motivo porque um casamento é um evento que você precisa de muito tempo pra se preparar psicologicamente e conseguir reunir todos os elementos que você precisa, porque não é só pegar seu corpinho e levar no casamento, NÃO! Você precisa descobrir se você vai de vestido curto ou longo, se ele é bordado ou não, se é um tecido fino ou não... Você acha que é fácil? Porque se você vai com um longo de pedraria, OPA, pode ficar demais, entendeu? A não ser que você seja madrinha. Se você é madrinha meio que tem passe livre pra ir com o cocar na cabeça e entrar sambando fazendo a Globeleza. Mas se você é um convidado normal, você tem que ver qual a sua relação com os noivos. Você é muito amiga? E se você é muito amiga, por que você não é madrinha? Apesar que, falando sério, ser madrinha de um casamento é uma PIKA, porque assim, além de você ter que estar linda, você não pode estar mais linda do que a noiva (cuidado com isso...) Veja se a noiva não é feia pra você não ficar linda demais, cuidado. Se você é madrinha tem que estar muito bonita, com um vestido muito bonito e um cabelo lá no teto, supermaquiada, e além de tudo você tem que dar um presente caro. **AMIGAS, NÃO ME CHAMEM PRA SER MADRINHA, OBRIGADA, DE NADA, BEIJO, TCHAU.**

Beleza, então você é só convidada? Se você mal conhece os noivos, você tem que ir um pouquinho menos caprichada. O capricho da sua arrumação varia muito de acordo com o relacionamento que você tem com os noivos. Então tá, você é uma convidada tida como "normal", só tem uma relação tipo ok, "ah eu trabalho com o cara", beleza. Você tem que fazer uma pesquisa com as suas amigas que vão nesse evento a fim de saber se elas vão de longo ou curto. Dependendo da maioria, se elas forem de longo, você vai de curto! "Ai, também não quero ser tão igual..." MENTIRA! Geralmente você vai no padrão. Vai todo mundo de longo? Arruma um longo pra ir.

Mas e o cabelo? Faço em casa ou faço no salão? Porque se eu fizer no salão corro o risco de ficar arrumada demais, e se eu fizer em casa existe o risco de alguém entregar uma vassoura na minha mão e me fazer limpar o salão, entendeu? Então eu preciso descobrir com minhas amigas qual é o padrão. Maquiagem... No salão ou em casa? Primeiro: eu sei me maquiar em casa? Ou eu sou do tipo que fica passando rímel de boca aberta e borro tudo? Se eu sei me maquiar em casa, eu consigo me virar; sei, por exemplo, colar cílios postiços, então é um problema resolvido. Só que eu ainda tenho que resolver o sapato, que tem que combinar com o vestido, e tem que combinar com a cor da minha unha, e uma bolsa que também não vai chamar muita atenção, que não vai ser muito grande, que eu também não vá perder no casamento, e que vai combinar com todo o resto do conjunto, com meu cabelo, maquiagem, vestido, sapato, cor da minha unha, anel... MEU DEUS, QUE anel que eu vou usar? Porque tem a bijuteria também. Será que eu vou de colar? Ah não, mas eu estou indo de brinco grande, então não posso colocar o colar, eu acho que vou chamar o einstein pra decidir isso pra mim, porque eu não fiz uma faculdade de física quântica pra resolver isso.

Depois de você decidir tudo isso, você precisa chegar na sua casa com o tempo livre de umas cinco horas pra conseguir ter calma, colocar uns pepinos nos olhos pra dar uma descansada nas olheiras – porque você já está exausta de ter procurado tudo isso – dar uma limpada na pele, se arrumar... Tudo isso pra você chegar naquele casamento às oito da noite, esperar a filha da puta da noiva que está atrasada chegar!!! Você está sem comer desde o meio-dia porque não teve tempo, já que estava se arrumando há horas, aí você chega com fome, eles não servem nem um croquete de queijo, meu deus esse casamento não tem fim?... O padre fica dando um sermão gigantesco que tá todo mundo cagando, só pensando no champanhe que vai ser servido e nas bolinhas de queijo. Aí acabou a cerimônia, você aplaude... porque você está feliz, porque essas pessoas estão casando? não! Você não aplaude porque você está feliz, mas porque você está cansada e tem que comer. Esse é o aplauso no final, é tipo meu deus do céu vai noiva filha da puta, vou

TACAR ESSE ARROZ DENTRO DO SEU OLHO SUA VAGABUNDA QUE ME FEZ ESPERAR TANTAS HORAS. Eu quero comer, eu estou podre, meu sapato está apertando meu pé e a festa ainda nem começou.

Então você chega na festa, demora cinco horas porque a puta fica tirando foto com todo mundo, você senta na mesa que alguém manda, com um bando de gente que você conhece ou não, fica fazendo aquela cara de blasé, aí passa a câmera (porque não tem momento pior na vida de um casamento do que aquele em que você está comendo e conversando aí passa uma câmera, e está todo mundo blá blá blá, de repente – silêncio – faz uma cara! Você está conversando com pessoas que você não conhece, esperando pra ver se sai o jantar, aí começa aquela banda tocando *New York, New York!!!*) Puta que pariu, **POR QUÊ? POR QUE QUE EU VIM NESSE MALDITO CASAMENTO?**

Até que sai a comida, você começa a ficar meio bêbada, o seu cabelo caiu, um cílio postiço seu descolou... ou colou no canto do seu olho e você parece que está piscando e paquerando alguém. Aquele sapato está MATANDO o seu pé, e aquela cinta que você colocou pra ficar mais magra não te deixa respirar. **CASAMENTO FILHO DE UMA PUTA!** Quando começa a primeira música você já quer ir embora. E aí o seu marido/namorado olha com a maior cara de pau e fala: "ai amor, você já está cansada? A gente acabou de chegar, eu tô tranquilo!". O QUÊ? É ÓBVIO! VOCÊ SÓ TOMOU UM BANHO, FEZ A BARBA E COLOCOU UM TERNO. E nem meia preta tinha pra por, seu infeliz! Por que não pensou nisso antes? Não sabe nem fazer um nó na gravata, PORRA!

Então isso é o stress do casamento, e o casamento é só um dos eventos, porque às vezes te chamam pra uma coisa que eu acho muito complicada: evento de trabalho ou, sei lá, aniversário do chefe, na casa dele... MEU DEUS DO CÉU, eu tenho que ir com a roupa normal que eu vou trabalhar? Ou eu tenho que ir descolada?... Que horas que é isso? É um churrasco? Almoço? Será que alguém vai de salto? Acho que eu vou comprar uma rasteira com pedras, porque aí fica uma coisa meio... Ai gente, não sei o que eu faço, está calor então vou de saia, putz, mas será que vão ficar olhando pras minhas pernas dizendo que eu sou vagabunda? Puta que pariu, o que eu faço? É muito difícil, é muito julgamento pra gente, sabe?

Pior: um evento seis da tarde. O que eu faço? É meio NOITE e meio DIA, quem é que faz evento seis da tarde, pelo amor de Deus? PORRA, o que a gente veste? Roupa de dia ou de noite? Porque você chega ao evento de dia, mas daqui a pouco... TÁ NOITE. Eu faço o quê? Coloco um brilhinho ou uma camiseta da Hering? Ai meu Deus, é muito complicado. Pode acontecer de você chegar de camiseta branca, saia jeans e tênis e as meninas estarem de scarpin e blusa de cetim, com brilho... e aí você faz o quê? Você CHORA? Você pega uma bandeja e sai servindo as pessoas porque você está com vergonha? O que você faz? Mas o contrário também é terrível! Você vai lá, se monta toda, coloca um salto *drag*, maquiagem... Aquele dia você coloca aquele lápis verde, toda linda, toda *fashion*, arrasando, chega lá e o povo está de All-star! Você O QUÊ? Você fala: "Ai gente desculpa... achei que a festa era à fantasia!". NÃO TEM O QUE FAZER!

É complicado, porque as mulheres estão sempre julgando. Por exemplo: a primeira vez que você vai almoçar na casa da sua sogra. O que vestir? Com uma roupa você tem que mostrar pra ela que você é dedicada, que você é experiente, porém não rodada, e que você não é interesseira. Isso em um *look*! Você tem que mostrar que pode ser ou pode vir a ser uma boa mãe, que você é esportista, que você é inteligente, que você é sagaz... é praticamente uma entrevista de emprego, gente. Pras entrevistas de emprego também é difícil escolher uma roupinha. Mas assim, pra entrevista de emprego você coloca no Google, põe assim: COMO IR VESTIDA EM UMA ENTREVISTA DE EMPREGO? Aparecem várias imagens. Agora, almoço com a sogra não tem, e pra te fuder, você liga pra sua mãe e pergunta: "mãe, o que eu visto pra ir conhecer minha sogra?" Aí sua mãe... VOCÊ NÃO TEM QUE IMPRESSIONAR NINGUÉM, VOCÊ NAMORA O FILHO DELA, ELE QUE TEM QUE GOSTAR DE VOCÊ, O FILHO DELA QUER VOCÊ PELADA (sim, essa é a minha mãe). Se você coloca uma saia muito curta, a sogra pensa que você é BISCATE. Se você coloca uma roupa muito fechada a sogra pensa "uhh, que VELHA". Se você coloca um saltão, a sogra pensa "hum, bonita, mas não deve saber lavar uma louça". Gente, meu Deus do céu, é muito julgamento pra uma roupa.

É difícil. Se alguém me liga e fala: "Oi Bruna, tem festa na piscina". EU NÃO VOU! Festa na piscina tem que levar o quê? Uma boia? Vai ter o quê? Vai servir o quê? Champanhe e protetor solar? Vou de sandália, de sapatilha, de chinelo, vou descalça, de biquíni, de vestido? EU NÃO VOU, não me liga, fico em casa, depois fico olhando as roupas que outras usaram, fico olhando no Facebook pra ver: "essa acertou.. essa errou..."

Mas não tem coisa pior do que você ir em um evento em que as pessoas são muito ricas, porque gente rica é imprevisível. Você nunca sabe o que elas vão fazer. É verdade! Gente rica pra mim é uma coisa difícil, porque às vezes elas acham que como elas são ricas, elas não precisam impressionar, ai você chega na casa da rica, e ela está de chinelo Havaianas! VOCÊ NÃO TEM O DIREITO DE FAZER ISSO! Você é rica, você tem que usar aquele Louboutin do cacete o dia inteiro, você tem que acordar de pijama e colocar um Louboutin. Eu uso Havaianas, não faça isso. Porque rica é um bicho filho da puta, né? Elas colocam aquelas camisetas caras de 1000 reais, mas é tipo uma camiseta de malha. Ai, eu faço o quê? NÃO GOSTO DE RICA! Elas se vestem de uma maneira simples, mas se você for ver, o *look* delas custou seu aluguel, entendeu? Este é o problema de gente rica: a gente nunca sabe o que esperar deles.

Vocês já viram que agora tem a moda da água de gente rica? É verdade. É uma garrafinha que custa 30 reais, eu não quero gastar 30 reais em uma blusa de balaio no centro, as filhas da puta compram água de 30 reais. Porra gente, água? Tem no filtro. Você pode fazer essa água cara também, mexe com uma nota de 100 reais e tá pronta. Fiz um chá aqui colocando uma nota de 100 reais, agora eu vou tomar pra ver se fico rica.

Sem contar a modinha de fazer uma água com folhas de hortelã e laranja. Mas que mania é essa, gente? Tem de ficar enfiando mato nas comidas! Rico tem essa mania também de ser muito natureba: "é tudo feito no meu jardim". "Tudo é orgânico". Rico é orgânico!

O que a gente quer de um *look*? A gente quer parecer magra, a gente quer parecer bonita e a gente quer parecer rica. Só que as ricas não querem parecer ricas, as ricas querem parecer despojadas.

GRANDES OBSESSÕES POR COISAS SEM SENTIDO

Este capítulo é mais um desabafo do que um ponto de vista bem-humorado sobre o mundo (não sei se vocês perceberam, mas era esse o intuito do meu livro todo, enfim...). Este é o momento em que eu uso vocês pra saber se coisas que eu sinto são comuns ou se eu realmente preciso procurar uma terapia. Um livro é uma ótima oportunidade de confessar coisas constrangedoras, porque não estou olhando pra vocês agora, então não poderei ver aquelas carinhas de julgamento, tantas vezes já vistas, que dizem secretamente: UAU, VOCÊ REALMENTE É ESTRANHA. Se você é do tipo esquisitinha também, ótima hora pra gente estabelecer essa identificação; se você não é, continue o livro pela amizade mesmo, sabe? Educação... Cacete, te dou 99 reais pra você continuar, basta mandar um email com seu nome completo e conta bancária para brunalouisepropinas@zipmail.com. (ops, mais uma obsessão maluca: sempre tento subornar pessoas pra fazerem coisas que eu quero com dinheiro que nem tenho. Geralmente uso valores quebrados pra passar credibilidade, e passo um e-mail falso, mas isso deu pra notar né? Quem diabos ainda usa Zipmail?)

Anos atrás eu fiz uma viagem pra outro país com um grupo e uma guia local. O lugar era incrível e tudo estava maravilhoso, mas no primeiro dia notei que a nossa guia turística tinha uma pinta no nariz, preta e grande. No segundo dia, notei que essa pinta preta e grande estava um pouco maior, como se estivesse inchada, e aquilo realmente chamou minha atenção. No terceiro dia, eu cheguei no café da manhã com o único intuito de olhar a tal pinta mais de perto. Depois de me empanturrar de comida, porque né, café da manhã de hotel, ah vocês sabem!, cheguei bem perto e meus olhos não queriam acreditar no que estavam vendo: não era uma pinta, ERA UM CRAVO IMENSO, PRETO, LATEJANDO, GRITANDO SOCORRO, IMPLORANDO PRA SAIR DALI. Minha mente instantaneamente parou. Eu devo ter deixado cair no chão os pães de queijo que eu estava roubando pra colocar na minha bolsa, eu não conseguia mais ver nada, tudo ficou preto, tão preto quanto O DESGRAÇADO DO CRAVO NO NARIZ DAQUELA MULHER! Foi como se dentro da minha cabeça todos os trabalhadores parassem!

Sim, imagino minha mente como uma pequena empresa onde cada um é responsável por um departamento, estilo aquele filme Divertida Mente, só que com mais gente, né? Nós, mulheres, sabemos que dentro da nossa cabeça tem muita coisa: uma pessoa pro trabalho, outra pra família, amizade, pequenas crises do tipo "não estou entrando nessa calça e não tenho outra pra vestir" ou supercrises do tipo "não estou entrando nessa calça, não tenho outra pra vestir e a ex do meu namorado vai estar lá", a pessoa que cuida do amor, da vaidade, da responsabilidade (esse cara deveria ser demitido da minha cabeça. Todos concordam que ele é bem incompetente), enfim, várias pessoas... Nem tantas assim, eu não sou o Stephen Hawking... mas todos, todos estavam parados, congelados, olhando aquela pinta-cravo. Eu me arrisco a dizer que a viagem acabou pra mim. Já não me interessava o mar paradisíaco ou quem foi o Fulano que motivou tal monumento. Eu estava cagando para as paisagens, eu só conseguia pensar em como tirar aquele cravo do nariz daquela mulher, eu delirava à noite. Antes de dormir, me revirava, e só caía no sono com a imagem do desgraçado finalmente conseguindo liberdade. Eu tentei de tudo, ela ameaçou chamar a polícia, achei melhor desistir... mas ainda penso naquele nariz...

Então é isso, parece que eu sou a **LOUCA DA LIMPEZA DE PELE**, já vi vários vídeos de cravos sendo espremidos por médicos, até pequenas cirurgias, e nada me deixa mais doida do que ver aqueles vários pontinhos pretos. Meu namorado tem. Não me deixa tocar. Acredito que essa seja minha maior prova de amor por ele, porque minha vontade é de dar um golpe na cabeça dele e aproveitar o tempo de desmaio.

A LOUCA DO PELO PERDIDO
Juro que essa não sou eu. Eu sei que tô bem sem credibilidade depois da demonstração de psicopatia acima, mas essa é uma amiga minha, que não consegue ter uma conversa com um ser humano que tenha algum pelo fora do lugar, aquele pelo que era pra ser da sobrancelha mas está em cima do nariz no meio do nada; ou aquele pelo que quis crescer mais que todo mundo e mais parece um cabelo pendurado no braço; ou pior: aquele pelo que é praticamente um gancho saindo do nariz e tentando entrar na boca. Ela surta. Mas, diferentemente de mim, ela age: a maluca anda com uma pinça na bolsa o tempo todo, e se ela se depara com um desses pelos assanhados que se distanciaram do bando, ela arranca. Mesmo não conhecendo a pessoa.

O ÓDIO DESENFREADO QUE SINTO POR PESSOAS QUE NÃO ESTÃO PREPARADAS

Eu fico abismada, com vontade de gritar com a pessoa que está completamente despreparada para o que ela sabe que vai acontecer dentro de instantes. Não, não estou falando do fim do mundo, estou falando de filas, que são praticamente o fim do mundo.

Você está numa fila pra embarcar num avião, por exemplo. Você sabe que você precisa estar com a passagem e um documento com foto na mão, então eu pergunto: POR QUE DIABOS A DONA MATILDE, QUE ESTÁ BEM NA SUA FRENTE, NÃO SABE DISSO? E pior, não consegue achar a porra do documento dentro daquela bolsa imensa que parece ter tudo: carteira, porta-moedas, guarda-chuva, Minancora, um frango com farofa, tudo, menos o documento. E a fila toda está parada porque tem um ser que não estava preparado. Outra situação que me deixa doida é gente que não sabe o que vai pedir no *fast food*. Gente, não tem tanta opção assim, você escolhe um número, o tamanho do seu refrigerante, o tamanho da sua batata e VAZA, PORQUE TEM GENTE ATRÁS COM FOME. Mas não, tem gente que acha que o menu do *fast food* é uma exposição de obras de arte que merece olhares profundos e contemplativos de sete minutos...

E ter uma fila com gente faminta deveria fazer com que as pessoas tivessem consciência de que necessitam tomar decisões rápidas e precisas. Se você está numa fila de buffet por quilo, não custa nada já ir pensando no que você vai querer! Mas sempre tem aquele indeciso que está super na dúvida se quer alface ou repolho... ESCOLHA UM DOS DOIS LOGO, É SÓ O ALMOÇO DE HOJE, VOCÊ NÃO ESTÁ ESCOLHENDO A SUA PROFISSÃO OU A SUA ESPOSA, FINJA QUE TÁ NO ENEM, ESCOLHE UMA OPÇÃO QUALQUER E SE JOGA! Sim, tenho vontade de gritar isso na orelha dos indecisos do buffet. Talvez eu realmente tenha gritado. Ou talvez eu tenha, sem querer, cutucado a pessoa que estava demorando com a colher do arroz.

E tem mais um tipo de gente que me deixa maluca em filas: gente que não decorou o próprio RG ou CPF. Pelo amor de Deus, vão te pedir esses números umas 56.876 vezes na vida, em média, então decore. Você não precisa decorar mais nada, os celulares estão aí com suas lindas agendas pra você nunca mais ter que saber de cor o número do telefone de alguém, está na sua ficha do salão de beleza que na última vez você pintou o cabelo de chocolate com avelã e nozes, seu gerente sabe a sua senha do banco, então apenas DECORE SEU RG! São só sete ou oito números! Já passamos por coisa pior! Quando eu era adolescente a gente tinha que decorar o número do ICQ! Aquilo ali sim era sofrimento: trezentos números só pra você conseguir flertar com seu gatinho no domingo à noite, que era o dia de usar a internet, porque só gastava um pulso.

O ÓDIO DESENFREADO QUE SINTO POR PESSOAS QUE ESTÃO PREPARADAS QUANDO EU NÃO ESTOU
Aquela raivinha que você sente quando o professor faz uma pergunta na sala e sempre a mesma pessoa responde, sem nem dar a chance pro resto da turma começar a pensar. Ou aquele momento que tá todo mundo preparado pra alguma coisa e só você não sabe. Quando eu era adolescente, fui fazer um cursinho de automaquiagem. Quando cheguei no curso, todas as alunas estavam com uma toalhinha e um tônico. Eu fiquei com aquela puta cara de paisagem, porque aparentemente só eu, no planeta, não sabia que precisava levar uma toalhinha e um tônico. Aliás, eu era a única pessoa que não sabia o que diabos era um tônico; no meu conhecimento só existia Biotônico Fontoura, aquele treco ruim que minha mãe me obrigou a tomar porque eu desde a infância comia que nem um trator. Por que eu sei que era ruim? Porque a minha irmã tomava e me convenceu que era bom. Como vingança falei pra ela que o caldo de galinha na geladeira era um bala, aquele dadinho, lembra?

Começamos o curso, a primeira coisa a ser feita era lavar o rosto (aí o porquê da maldita toalhinha) e depois passar o tal tônico. Todas me julgaram e ficaram me olhando com aquela cara de: COMO VOCÊ NÃO SABIA QUE TINHA QUE TRAZER UMA PORRA DE UMA TOALHINHA? Como se fosse uma notícia nacional, como se o William Bonner tivesse dito no Jornal Nacional, logo depois da cotação do dólar e antes do boa noite: não esqueçam da toalhinha! Lembro que na época fiquei chateada porque ninguém me emprestou uma toalha e sequei o rosto com papel higiênico, que se esfarelou todo na minha cara. No dia seguinte, levei uma toalha que dava pra secar uma piscina, mas, como todas sabiam menos eu, a filha da puta da toalhinha era só para o primeiro dia. Fiquei com ódio das alunas, da professora e principalmente da toalhinha. Até hoje quando vejo essas toalhinhas em hotéis ou em lojas de toalhas, espremo os olhos e fico encarando, remoendo meu ódio e planejando vingança.

GENTE QUE NÃO TERMINA A FRASE
Não sei se é curiosidade ou só uma imensa necessidade de fechamento, mas gente que não termina a frase ou a história não merece nada de bom nessa vida! Eu sei que eu acabei de falar aqui que você não precisa decorar muitas coisas na vida, mas quem é

que esquece o que estava falando e simplesmente troca de assunto com a maior naturalidade? Como essa pessoa criminosa tem coragem de continuar vivendo a vida sabendo que deixou seus ouvintes sem um final? E isso sempre acontece: você está numa roda de amigos, sete conversas cruzadas, você escolhe uma, um narrador, e de repente a narrativa é interrompida por um Whatsapp ou uma ligação ou pela Claudia Leitte descendo por cabos no Rock in Rio, sei lá, qualquer coisa. Pronto: o desgraçado começa a prestar atenção em outra coisa, se envolve em outra conversa e você fica ali, mais abandonada do que fatura paga. Só queria deixar aqui meu sincero desprezo por você que não termin...

FALANDO SOZINHA

Essa é a esquisitice mais comum das esquisitices. Todo mundo, uma hora ou outra, acaba falando sozinho, em voz alta, no meio da multidão, porque já falamos sozinhas grande parte do tempo dentro da nossa cabeça. Quem nunca gritou NÃO pra si mesma pra afastar um pensamento? Quem nunca se pegou rindo sozinha lembrando de alguma coisa? E a risada é o pior. Porque sempre tem alguém perto de você querendo saber o porquê de você estar rindo, e você sabe que se você contar não vai ter a mesma graça, mas a pessoa insiste, você nega, a pessoa insiste, você conta e....para a surpresa de todos os envolvidos????? Não tem a menor graça! Porque a graça estava lá, naquele momento, e agora está ali, na sua cabeça, fazendo você rir feito uma abobada e te envergonhando. Aliás, essa mania de falar sozinha só serve pra te envergonhar, porque você nunca vai falar algo genial, uma resposta de equação, um pensamento filosófico, você acaba falando sozinha geralmente num momento de susto, que vem acompanhado de um palavrão, ou quando você percebe que esqueceu alguma coisa:

— Puta que pariu, deixei o celular em casa.

Ou uma constatação:

— Puta merda, vai chover.

Ou quando alguém tira uma coisa sua do lugar:

— Onde foi que esse filho da puta colocou essa merda?

Ou quando você perde alguma coisa:

— Onde diabos eu enfiei aquela porra?

Ou seja, quando você está falando sozinha, você parece a Dercy Gonçalves.

UMA CERTA IDADE OU NÃO CONFIE EM NINGUÉM COM MAIS DE 30?

Então você chegou ou está chegando aos trinta e a pressão de "não estou com a vida feita" não para de voltar à tona. Até porque todos os seus amigos te lembram e as tias-avós não param de perguntar do namoradinho. Eu tenho trinta e um, e digo pra vocês, a vida continua a mesma, não existe uma banca julgadora para me entregar um atestado de fracasso porque ainda não casei ou porque morei com a minha mãe até meses atrás. A verdade é que essa pressão está só na nossa cabeça. Fomos criadas por uma geração completamente diferente, muitos de nossos pais não fizeram faculdade e tiveram uma carreira estável que começou aos vinte anos. Aos vinte, eu estava aprendendo a fazer sucos *gummy* (é uma mistura de vodka barata, leite condensado e suco em pó. A vodka tem que ser barata pra garantir o sucesso da receita e a ressaca do dia seguinte) numa viagem pra praia com os amigos, comendo macarrão com vina (salsicha, pro resto do Brasil) e tentando achar um lugar no sofá no meio das latinhas de cerveja e bitucas de cigarro. Então sim, eu estava aproveitando a vida de uma maneira completamente diferente do que a minha mãe com 20 anos, que já estava com uma filha no colo. Tudo foi muito diferente, o futuro não tem como ser igual, tudo bem que eu realmente demorei um pouco mais para sair de casa, meus amigos já estavam mais encaminhados há mais tempo do que eu, mas que diferença faz? A gente está demorando um pouco mais pra chegar na vida adulta, e isso não é ótimo? Por esses dias eu li que quem faz sexo é adolescente, adulto gosta de ir na Leroy Merlin, ri alto, porque tô montando casa agora e tô bem nesse clima. Eu demorei pra achar o que eu realmente iria fazer da vida, até porque assumir que você é humorista não é tão fácil. Ninguém leva a sério, o que é um pouco contraditório, porque eu querer ser humorista era sério, entendeu? Nossa, ficou confuso, acho que ainda é efeito colateral do suco *gummy* (não façam isso em casa crianças, causa alucinações e vômitos inesquecíveis).

Enquanto meus amigos advogados já estavam dando entrada em seus apartamentos aos 25 anos num clima super "minha casa minha vida", eu estava trabalhando só com o teatro, ou seja, sobrevivendo com cachês que eram uma piada. Chegou uma hora que eu tive que assumir que precisava de mais um emprego. Isso é terrível porque parece que você está se desligando do seu sonho, e o meu na época era só estar no palco.

ENTÃO PRA EU NÃO TER QUE LARGAR O TEATRO EU TIVE QUE ACHAR UM EMPREGO COM UM HORÁRIO FLEXÍVEL. FOI AÍ QUE EU COMECEI A ME PROSTITUIR.

ASS: BRUNA SURFISTINHA

FIM

MENTIRA!
A GENTE PERDE
O LEITOR,
MAS NÃO PERDE
A PIADA. FOI AÍ
QUE EU COMECEI
A FABRICAR
METANFETAMINA
E VENDER PARA
SUSTENTAR A
MINHA FAMÍLIA.

ASS: BRUNA HEISENBERG

FIM

Tá, parei. Foi aí que comecei a vender papel higiênico na rua. É isso, não é piada, eu fui realmente vender papel higiênico, o que é um ótimo emprego, porque eu ganhava comissão. Eu digo uma coisa pra vocês: quando chega a crise, o povo para de ir ao teatro, o povo não compra roupa, mas papel higiênico ninguém deixa de comprar, porque parar de se divertir todo mundo para, mas parar de cagar...

Enfim, era isso que eu fazia dos 25 aos 27. Então pense em mim antes de se desesperar e achar que ainda não tem a carreira que pediu a Deus. Com o tempo fui investindo meu tempo (porque dinheiro eu não tinha mesmo) no *stand up*, e foi isso que fez de mim a maior comediante brasileira da atualidade, segundo a minha vó, (minha mãe nem se ilude).

E pra falar bem a verdade só saí da casa da minha mãe porque mudei de cidade. Acho que por mim ficaria mais uns cinco anos aproveitando essa linda mágica de roupa limpa em cima da cama num piscar de olhos. Morar sozinha ou com o namorado que não cozinha, que é o meu caso, é um tal de tomate sozinho na geladeira fazendo aniversário. Quando dá um mês a gente canta até parabéns. A vantagem é que fizemos vários novos amigos: o entregador de pizza e o de comida chinesa.

Outra coisa que já vi mulheres pirando: corpo. Seu peito não entra num processo de queda livre só porque você fez 30, eles continuam lá, iguais a quando você tinha 29. O elastano da sua pele não vai embora e deixa um recado rabiscado de batom no seu espelho te dando adeus. Apenas não pire.

Os namoradinhos. Nessa idade você já percebeu que você não precisa de ninguém, e se você está com alguém é porque você quer. "Casar com trinta é coisa de mulher velha", velha? VELHA? Vou jogar uma foto da Madonna na sua cara! Quem pensa isso é o mesmo tipo de pessoa que pensa "com 20 anos vou estar morando sozinho" e quando a idade programada chega a decepção chega junto. Ter 30 é maravilhoso, você tem disposição, você é bonita, você tem dinheiro. Nossa, depois dessa frase vou abandonar o *notebook* aqui na sala e sair desfilando no corredor curtindo uma Beyoncé.

CALCINHA, AQUELA QUE SEMPRE ESTÁ ONDE NÃO FOI CHAMADA

Eu acredito que precisamos aceitar definitivamente o fato: usamos calcinhas, elas marcam a roupa, fim. Esse esforço de achar uma calcinha que não marque é um stress, e pra quê? Você usa, eu uso, você sabe que eu uso, eu sei que você usa, então pra que tanto esforço pra esconder? Não estou dizendo pra fazermos a Britney bêbada e careca e sair por aí pagando calcinha pra *paparazzi*, até porque não temos *paparazzi* atrás de nós, e a Britney já mudou de vida. (Essa referência foi pra quem já tem uma certa idade hein!)

Então ok, todas usamos, e sabemos que uma hora ou outra essa desgraçada dessa calcinha vai entrar na nossa bunda. É um fato da vida, deveria ser um fato científico: 10 em cada 10 calcinhas entram ou vão entrar na sua bunda. Aceita que dói menos. Mas tendo aceitado isso, precisamos aceitar também que se ela entrou, ela tem que sair, porque ninguém merece aquela calcinha meio torta. O que eu peço é: vamos legalizar esse movimento de desenterrar a calcinha! Que não seja mais feio, ou vergonhoso, ou terrível. Que seja natural, até poético, que seja liberado! Cada um luta por uma causa, e essa eu acho justa, e enterrada. Os homens arrumam suas cuecas sem o menor julgamento, até coçam o saco em qualquer lugar, por que não podemos desenterrar a calcinha e resgatar a dignidade? Até porque, em se tratando de calcinha que marca, melhor um coador de café inteiro do que meio na bunda, e tenho dito.

E não consigo entender quem se dispõe a pôr uma calcinha fio dental pra não ter essa marca. Pelo amor, calcinha fio dental é uma tortura medieval que deveria ser usada como pena para crimes: pagar 140 cestas básicas e usar calcinha fio dental por um mês. Eu conheço gente que usa direto e não se importa, aí eu me pergunto: como? Porque calcinha fio dental não tem como desatolar, ela mora ali, no fim da sua dignidade. É um puta esforço que merece recompensa. Eu não coloco calcinha fio dental se não for pra mostrar pra alguém, e tem que ser merecido. Porque não tem como você colocar uma calcinha fio dental se não estiver depilada. Ficaria igual ao Tony Ramos de decote V, então precisa de todo um esforço, uma preparação. Querido homem, não me venha com uma rapidinha ou com um papai e mamãe bem na segunda-feira porque depois de toda a ginástica pra ficar sexy a gente espera nada menos do que uma noite incrível.

DEPILAÇÃO

Em casa ou no salão, sozinha ou com alguém, virilha ou axila, depilação sempre é uma desgraça dolorida, desconfortável e vergonhosa.

EM CASA COM LÂMINA: parece ser a opção mais fácil, até que você chega na virilha. Se está em pé no banho não consegue enxergar direito lá em baixo, gasta litros de água, vai passando a lâmina sem saber direito o que tá fazendo, se irrita e tira tudo (é o que você pensa, porque quando sai do banho sempre acha uma parte que ficou com uns cinco pelos). Sem falar do medo constante de se cortar e sangrar até morrer, sozinha, no chuveiro, no melhor estilo *Psicose*.

EM CASA COM CERA: vou fazer a Glorinha Pires e mandar um NÃO POSSO OPINAR, porque só tive uma experiência: eu, a cera e o plastiquinho. Não tive muito sucesso pois o pelo grudou na cera que automaticamente grudou em mim e que me fez ligar pros bombeiros.

NO SALÃO COM CERA: se prepare pra uma das piores experiências da sua vida. Quando você já tem uma depiladora que você conhece não é tão terrível, mas a primeira vez com uma depiladora é arrasadora. Você está nua, numa posição de frango assado, sabendo que vem uma cera quente pelando que vai queimar a sua xereca todinha. Nada pode ser pior, uma posição constrangedora, pelada, esperando o que você sabe que vai doer. Talvez você já tenha tido essa experiência com aquele cara que você conheceu bêbada na balada e não lembra o nome, mas acredite, a depilação vai ser pior. Depois de estar com a xana ardendo e pegando fogo, a depiladora arranca tudo de uma vez, e ali você sente o que acredita ser a dor do parto, a dor da morta, a puta que pariu. Você se questiona o porquê de estar fazendo aquilo, se você faz realmente tanta questão de ficar com a pele lisinha, se vale mesmo a pena ir pra piscina, afinal você adora o seu pijama, e você pensa em largar tudo e se juntar a uma comunidade hippie nudista, afinal pra que você precisa de um diploma de advogada se você pode vender miçanga? Enquanto você pensa em tudo isso, imagina o sangue jorrando e a vergonha que vai passar quando o pessoal do trabalho descobrir que você está no hospital porque sofreu uma hemorragia na virilha. E não chegamos nem na segunda passada ainda. Depois que você para de chorar e a sua respiração volta ao normal, ela passa mais cera, que agora em cima da sua pele dolorida parece estar mais quente ainda, e com essa quentura você se sente um gado sendo marcado. Mais uma puxada e a sua única vontade é agredir a depiladora, mas a sua posição não é nada favorável, já que você está pelada com a periquita pegando fogo. A depiladora conversa um pouco, passa um talco, tira o final com cera fria e pinça. E quando você para de suar e volta a si percebe que ainda falta o lado esquerdo.

NO SALÃO COM LASER: a pior dor da sua vida — rápida e fatal. Desperta os piores sentimentos, e você planeja assassinar a depiladora, mesmo depois de semanas da depilação.

PEQUENO MANUAL ULTRAESTEREOTIPADO E PRECONCEITUOSO SOBRE HOMENS

AQUI ALGUNS DOS MODELOS QUE ENCONTRAMOS NO MERCADO. PEGUE O SEU EXEMPLAR E TENTE ENCAIXAR AQUI. ATENTE-SE AO FATO DE QUE O SEU PODE TER CARACTERÍSTICAS EM DIFERENTES CATEGORIAS, OU PODE SER EXATAMENTE O QUE ESTÁ AQUI! (se esse for o caso, não fique pirada achando que eu conheço o seu *boy*, que já saímos e por isso estou o retratando com tanta exatidão, acredite, pode ter sido uma amiga minha)

AFONSINHO CRIADO PELA AVÓ
O Afonsinho criado pela avó é aquele cara carinhoso, que abre a porta do carro pra você entrar, paga o jantar (se estiver empregado, porque esse tipo tem dificuldades em se manter no mercado de trabalho, já que ele foi criado pra achar que tudo é culpa dos outros, afinal ele é o príncipe da mamãe) e curte a trilogia Crepúsculo. Ele está acostumado a ouvir e é

simpático com as suas amigas. Gostou? Quer comprar? Prepare-se para ter um novo emprego: ser mãe dele. Mas não ouse dizer isso, porque a mãe dele é celestial, e o seu fricassê de frango nunca será igual ao dela, nem o cheiro. Ele não sabe fazer um café e ainda acha que a mulher é a dona da casa que tem que fazer tudo, mesmo que você trabalhe fora; afinal, o trabalho do bebê da mamãe é mais importante que tudo! E se a mãe dele conseguiu, por que você não vai conseguir? Essa é a frase que está tatuada na alma dele, ou melhor, bordada à mão na parte de dentro da jaqueta da escola, junto com as iniciais dele. Ele reclama que você só pensa em trabalhar e que ele fica muito sozinho, mas não faz porra nenhuma pra te ajudar. Ele sofre da síndrome do fogão vazio, porque na realidade ele te olha e vê um cardápio, uma catálogo *delivery*, ou apenas a mãe que deveria estar alimentando-o. Frases frequentes: MÃE, TÔ COM FOME! ou pior, MÃE, VEM ME LIMPAR!

O OGRO ALFA

Ele é forte, não necessariamente musculoso, mas de personalidade forte. Te faz sentir protegida, aquele cara que você quer estar tanto em casa vendo TV aninhada nos seus braços, quanto num apocalipse zumbi, porque você sabe que ele vai acabar liderando uma equipe de sobrevivência, e você vai finalmente colocar em prática tudo que aprendeu em *Walking Dead* e *Lost*. Ele tem iniciativa, sabe onde te levar pra jantar e conhece o melhor corte Angus da cidade. Ele é divertido, tem iniciativa e ainda conserta a estante da sua casa, que está bamba há meses, com apenas duas marteladas. Apaixonada? Calma. Ele tem gostos imutáveis, ele adora aquele restaurante que te levou na primeira vez, e só aquele, porque "tem o melhor corte angus da cidade e ninguém atende a gente que nem o Aguinaldo, eu não vou em outro lugar". Ele adora contar e recontar aquelas piadas do Facebook que todo mundo já sabe; ele sempre acha que tem alguém que está intimando pra briga: "aquele cara tá me olhando, tá querendo o quê? Me beijar?" e assim começa uma treta. As únicas pessoas do mundo que prestam são a família e os amigos dele, amigos, aliás, que são bando grudado unidos pelo álcool e histórias do passado que você já ouviu 569 vezes. Pra ele, seus amigos são "tudo puta e viado". Ele é ciumento, acha que você é DELE e faz cara feia pra roupas curtas. Bebe e chora e geralmente tem um apelido escroto, que só ele ama, pro pinto dele.

O MULHERENGO CANASTRÃO
A melhor conversa da sua vida. Ele é super divertido, conversa sobre qualquer assunto, te escuta, te entende, e ainda pergunta se sua mãe melhorou da

gripe da semana passada. Atencioso, sabe harmonizar vinho com carne e te leva num restaurante molecular caríssimo pra que você tenha uma experiência extrassensorial. Ele é rico ou, no mínimo, sabe aproveitar a vida; tem amigos ricos e te convida pra passar um domingo na lancha do irmão dele em Búzios. Ele cozinha, tem vários temperos em casa, e que casa!, tem um puta bom gosto que te faz querer arrumar as malas e se mudar pro apartamento dele na primeira visita. Ele te recebe com a música da sua banda favorita que ele deu um jeito de pesquisar no primeiro encontro, e usa cada perfume que fica difícil chegar sem arrancar a calcinha. Ele é ótimo na cama. Tipo ótimo, daquele que te faz ficar rindo o dia todo na manhã seguinte, mesmo que você esteja visitando alguém na cadeia. A cada lembrança você se desmancha, e ainda pra ajudar tem as coisas lindas que ele te fala, de um jeito romântico e enigmático, poético e misterioso. Ele lembra o nome de cada amiga sua. Puta que pariu, ele é foda. Já tá bordando as iniciais de vocês nas fronhas, né? Pode parar. Você percebe que ele não tem Facebook, e que o insta dele é bloqueado, você pede pra seguir e ele não aceita, você comenta numa conversa casual e ele desconversa. Aí você saca: *ele é mulherengo*. Ele come mulher que nem pipoca, uma atrás da outra. Ele é tão sedutor porque na verdade ele é profissional, e tudo o que ele fez com você na quinta ele fez de novo com outra na sexta, no sábado… e o convite pra lancha no domingo? Ele nunca mais tocou no assunto, porque na verdade depois que você demonstrou que estava de quatro, o desgraçado sumiu. Porque era só isso que ele queria, você de quatro. Esse é o pior tipo, na minha opinião, porque sempre provoca na gente o espírito de COMIGO VAI SER DIFERENTE OU ELE VAI MUDAR POR MIM. Ele lembra não só dos nomes das suas amigas, mas do tamanho do sutiã de cada uma. E se você chega ao quinto encontro você começa a perceber que o charme dele dura três encontros, que é o que ele tem ensaiado, as respostas prontas acabam, aquele conhecimento todo pra ter qualquer conversa começa a esbarrar em termos como BOLSOMITO e O BRASIL ERA MELHOR NA DITADURA. Ele é vaidoso demais e ainda chora quando lembra que derramou vinho naquela camisa linda Michael Bastian (e você fica o quê? Sebastian? Aquele que fazia propaganda da C&A?)

O CHATO MARAVILHA VICIADO EM VOCÊ

Ele demonstra no primeiro encontro que quer algo sério e que está cansado de aventuras por aí. Ele é direto, não tem medo das palavras, e fala na sua cara que está muito interessado em você. E com o olhar exige uma resposta. Ele está disposto a fazer tudo pra te conquistar, largar família e emprego, até porque ele já fez isso por outras mulheres. Ele te prova que vale a pena, que não é igual a esses trastes que já passaram na sua vida, ele te mostra tudo, Facebook, insta e Whatsapp, e se duvidar te dá até a senha! Te apresenta pra todos os amigos (que sempre te falam num cantinho ao pé do ouvido "esse cara é sério") te conta da vida toda dele e até quanto ganha, no quarto encontro já te leva pra conhecer a família. Ele cozinha bem, faz pra você aquele bolo de cenoura que você comentou por alto que adora. Ele não te leva pra jantar porque é meio quebrado, afinal essa dedicação toda a relacionamentos acaba afetando a vida profissional, mas faz pra você um frango com curry incrível que ele aprendeu quando foi pra Índia atrás de uma modelo por quem ele se apaixonou. Falando em viagem, ele já está planejando te mostrar o melhor da Itália que ele conheceu quando se apaixonou por uma *chef* que morava lá. Ele é um amor, ele é movido por amor, ele só quer amor, até demais. Ele adora Roberto Carlos e fica te recitando todas as letras, num momento que ele jura que está sendo super romântico, mas pra você já está constrangedor ficar ouvindo tudo aquilo que você conhece sem poder imitar o Roberto e dar umas risadas. Ele faz jantar à luz de velas todas as noites, o que te faz ficar na dúvida se é romance mesmo ou se ele simplesmente não pagou a conta de luz. Ele sabe de tudo da sua vida, o que chega a irritar quando ele quer saber mais do que você mesma, com discussões do tipo: "você adora creme de papaia, por que não quer mais?" PORQUE COMER ISSO TODOS OS DIAS ESTÁ ME DEIXANDO COM ÂNSIA. Ele te *stalkeia* e não admite, começa a cantarolar uma música do Stone Temple Pilots bem no dia que você postou a letra no seu Twitter, e quando você pergunta se ele viu, ele responde: "não, foi o destino mesmo". O que te faz desejar que uma mesa voe na cabeça dele. Ele é ultra-romântico e não entende piadas, porque pra ele só o amor constrói. Ele não faz nada sem você, o que te obriga a ir nos programas mais chatos só porque ele quer. Ele te elogia tanto que chega uma hora que você quer escrever um dossiê pra provar pra ele que você às vezes é escrota sim. Ele te respeita demais e não consegue compreender que você pode sim se atrasar pro trabalho se o assunto for putaria na lavanderia. Aliás, ele não transa, ele faz amor e te chamar de puta está fora de cogitação. Ele te ama, e não vai viver em paz e nem te deixar em paz enquanto você não disser que o ama também. Então você diz aquele: TAMBÉM TE AMO que na sua cabeça significa CALA A BOCA E ME PASSA O FRANGO. Ele é tudo do que você achou que mais queria, até ter e não querer mais nada disso, tipo, pra sempre.

O INDECISÃO

Ele é charmoso, se veste sempre de preto e cinza e xadrez, que é pra não errar, tem o cabelo bagunçado e um jeitinho tímido. Não toma iniciativa e o primeiro beijo só aconteceu porque você roubou, ele retribui e tem uma pegada boa, e até surpreendente pra aquela carinha de santo. Ele topa qualquer programa, é inteligente e se diverte muito com você. Tem amigos de tudo quanto é tipo, desde a galera da yoga até os moleques do rally, sem falar dos amigos profissão-faculdade, aquela galera que faz federal e cursa uns cinco cursos, termina uns e outros deixa na metade, mas nunca saem da cidade universitária, conhecem todos os bares da redondeza e a maior alegria do ano são os jogos universitários; não trabalham e o mistério do mundo é: Como vivem? Do que se alimentam? Como se reproduzem?

Mas enfim, ele é criativo, geralmente trabalha numa área que não foi a que fez na faculdade, é gente boa e conhece cada boteco sensacional... O problema é que *ele não sabe o que quer*. Mesmo. Ele não sabe se come um bife à parmegiana ou um hamburguer, ele não sabe se quer ir ao cinema ou numa puta balada, ele não sabe se quer namorar com você ou não, e isso vai te deixar surtada. Ele te apresenta pros amigos e você pensa: acho que agora é sério, mas no dia seguinte ele sai com outra turma de amigos e te deixa de fora. Ele é romântico ou superfrio, depende do dia da semana. Ele fica uma semana sem te responder depois aparece na porta da sua casa sem avisar com um presente na mão. Você odeia ele, mas não esquece o desgraçado, porque quando está quase esquecendo ele faz uma coisa muito bonitinha e você quer morrer. E essa indecisão pode durar muito tempo, tipo, anos. Frases mais ouvidas: NÃO SEI e ESCOLHE VOCÊ. Aí você começa a escolher a porra toda porque você já está irritada porque ele nunca sabe de nada, aí ele reclama e diz que vai se afastar porque ultimamente está vivendo muito a sua vida e não sabe mais quem ele é. E mais uma vez você quer que uma mesa crie asas e voe na cabeça de alguém. Aí você procura uma terapia porque essa obsessão por objetos voadores acertando pessoas está atrapalhando a sua vida. Você decide tomar uma atitude: ter uma conversa séria com o infeliz. Liga pra marcar um encontro e terminar tudo, mas ele não sabe se quer sair na terça ou na quinta.

TE APRESENTO O DELIVERY

Estava rolando no Facebook esses tempos um artigo de uma revista dos anos 1950 ensinando mulheres a serem ótimas esposas. Eram 50 dicas e basicamente todas diziam: para ser uma boa esposa, esteja de bom humor e com o jantar na mesa quando seu marido chegar do trabalho, coisas assim. O tempo passou (e eu sofri calado, não deu pra tirar ela do pensamento... eu não consigo usar a expressão **O TEMPO PASSOU** sem lembrar dessa música...) e parece que algumas coisas não mudaram. Percebo que vários homens enxergam suas companheiras como as responsáveis pela alimentação da casa, como se a cozinha fosse um mundo desconhecido pra eles, lugar que eles só conseguem chegar com a ajuda do Waze...

Escrever sobre isso me soa tão anos 1950, mas parece que quando um filho cresce e vai morar fora a mãe sofre da síndrome do ninho vazio, e os homens agora estão sofrendo com a síndrome do fogão vazio. Esse objeto que pra eles é tão misterioso, esse milagre que é fazer que o feijão cru apareça cozido nunca esteve tão perto de ser desvendado. E o maior trauma: a revelação de que a mãe deles nada mais é do que um ser humano normal, e não aquele ser mágico que transformava peixe em moqueca. E, pior ainda, a descoberta de que sua namorada/esposa não é a mãe dele.

Sim, são muitas revelações, mas homens, a gente jura que vocês vão conseguir conviver com todas essas novidades! Enquanto vocês estão se adaptando, que tal pedir uma pizza?

A PRIMEIRA VEZ QUE ALGUÉM TE CHAMA DE SENHORA

Seja porque você casou e virou a sra. Alguma Coisa, ou porque algum filho da putinha achou que você já tinha CERTA idade. Isso aconteceu, e se não aconteceu, vai acontecer. E seu chão vai sumir, você vai olhar pros lados procurando a tal senhora e depois de alguns segundos vai notar que é você. Com um sorriso amarelo, vai responder: "pois não!" E vai ser uma das últimas, e mais desgraçadas, virgindades que você vai perder.

Talvez você só tenha 14 anos, e esteja espremendo os seios com os braços na frente do espelho, achando que tal mal nunca te acontecerá, mas minha linda, vai acontecer. Porque a vida é assim: um dia você está chorando porque sua primeira menstruação chegou e você não sabe o que fazer, no outro dia você está chorando porque o dia de entregar o seu imposto de renda chegou e você ainda não sabe o que fazer. Passa rápido. Primeiro, a fase de se maquiar para as festas de debutantes, depois para casamentos. Eu já estou na fase de batizado dos filhos dos amigos. Não bastasse essa pressão do relógio biológico, ainda sempre tem um desgraçadinho vagabundo pra te chamar de senhora.

VAI CASAR QUANDO?

A pergunta que persegue todo casal feliz, feita por todo o tipo de pessoa, independentemente de idade, gênero, cor ou credo. Alguém sempre pergunta, não importa se é no bar, no mercado, no motel ou no velório da sua bisavó. Alguém sempre pergunta. Principalmente se a mulher do casal tiver quase 30, ou 30; se ela tiver mais de 30 a pergunta é feita aos berros acompanhada de uma chuva de perdigotos. Então eu pergunto: por que todo mundo quer saber???? Eu só pergunto isso pros meus amigos porque não vou negar: eu quero muito encher a cara no casamento deles (como delicadamente eu expliquei no capítulo *Festa de casamento: muita frescura se o objetivo final é só encher a cara*). Mas já ouvi essa pergunta das pessoas mais aleatórias possíveis, então acredito que elas não estivessem interessadas na minha festa, apenas no meu status civil. Engraçado, se tem tanta gente assim preocupada com a felicidade do meu relacionamento, por que ninguém me pergunta quantas vezes eu transei na semana, ou se meu namorado é uma pessoa boa? Se tem ficha criminal?

E depois de casada, a pergunta é: quando vem o primeiro filho? É incrível como uma mulher não pode ser vista perto de uma criança, acenando ou sorrindo pra um bebê que já aparece uma velha do bueiro para dizer: "você tem jeito com criança, tá na hora de ter o seu!". E que macumba é essa das velhas olharem pra gente e perguntarem: "você está grávida? Tá com uma carinha de grávida...". Você responde "não", mas a velha insiste: "mas vai engravidar logo, eu to sentindo". Tá sentindo o que? Tem certeza que não são gases? Uma vez uma velha veio num restaurante pra cima de mim, disse que eu tava com cara de grávida, eu disse que era efeito da vodka da noite passada, ela insistiu: "eu vi você sorrindo pro bebê, tem jeito com criança". Eu respondi educadamente: "dona velha, eu não estava sorrindo, eu estava vendo se tinha alface no meu dente, e não, eu não tenho jeito com criança, tenho certeza que se eu tivesse um filho agora e ele não conseguisse dormir, eu colocaria um Rivotril no meio da ração dele". Rimos muito. Ela chamou o segurança.

SEM TALENTO

Como já citei aqui no livro, precisamos desencanar de ser SUPER MULHERES com todos os talentos do mundo e temos que valorizar e aprimorar o que sabemos (cara, falei igual palestrante de sucesso agora).

Voltando: temos que dar valor aos nossos talentos. Eu, por exemplo, sou ótima pra organizar viagens. Adoro, mesmo depois de ter confundido o horário de um voo (achei que era seis da tarde e era as duas, seria um erro bobo, se a viagem não fosse em casal e para a EUROPA). Acho que estou pagando a parcela dessa passagem até hoje, das duas, a que eu perdi e a que eu comprei na hora. Chorei. Com gosto. Comprei um doce.

Mas um talento que não tenho é: tocar violino em cima do jet ski. Brincadeira, quer dizer, não tenho mesmo, mas estou falando de coisas de rotina. Uma coisa que não consigo fazer de jeito nenhum é: fazer minhas unhas. Tanta gente faz as próprias unhas, é mais barato, é mais prático, você faz na sua casa, na hora que você quiser, ainda pode fazer enquanto ouve as reclamações da sua mãe ou enquanto ouve seu namorado ou marido contando o dia de trabalho dele. O Vitor Hugo, meu namorado, joga pôquer profissionalmente. Quando ele me conta do trabalho eu fico com os olhos parados, olhando fixamente pra ele e falo três AHAM, um SÉRIO e fecho com um FODA. Se a história for longa eu repito a receita, sempre num intervalo de 72 segundos. E agora você está achando que eu sou muito insensível. Eu não sou, eu amo esse homem, mas ele trabalha com pôquer, e eu ainda chamo os naipes do baralho de: balão, coração, espada e arvorezinha. Mais um talento que não tenho: pôquer, baralho, jogos em geral. Em geral mesmo. Quando eu estava na escola e era obrigada a frequentar as aulas de educação física, eu era o estilo "D", sendo que a divisão era essa aqui:

- A) QUEM ESCOLHE O TIME
- B) OS PRIMEIROS A SEREM ESCOLHIDOS
- C) A GALERA DO MEIO, QUE NÃO SABE JOGAR, MAS É MAGRO E CORRE MUITO OU É GORDO E ENTOPE O GOL.
- D) AQUELES GATOS PINGADOS QUE FICAM POR ÚLTIMO, OS QUE NÃO SABEM SE PRA FAZER PONTO É BOLA NA REDE OU POR CIMA DELA.

Na aula de educação física a expressão "a última bolacha do pacote" não tem o mesmo significado. Acho que aqui cabe mais a analogia do último bom-

bom da caixa, porque caixa de chocolate você abre e come os melhores antes que alguém pegue, e os ruinzinhos vão ficando, até que ficam aqueles dois que você não come nem numa crise de TPM.

Mas eu comecei falando que não consigo fazer minhas unhas, e não achem que não tentei. Da última vez arranquei o mindinho com o alicate, me aposentei e virei presidente.

Na última vez que tentei eu ainda era adolescente e entendi o conceito de "tirar a cutícula" de uma maneira tão errada que meu sangue jorrava, e acabou manchando toda a blusa que eu estava usando, que para meu azar e total infelicidade não era minha, era da minha irmã; o que causou o princípio de uma guerra nuclear sem precedentes. Quando a minha mãe chegou em casa, tinha sangue pra todo lado e nós duas estávamos aos berros. Minha mãe começou o famoso discurso VOCÊS NÃO ME AJUDAM EM NADA, TUDO EU NESSA CASA enquanto fez a cinta cantar no melhor estilo Beto Carreiro com seu chicote. Chorei. Chorei muito. Não comprei um doce porque eu era gorda e a minha mãe me bateria mais. E eu choraria mais.

Depois desse dia achei prudente pagar uma profissional pro serviço de manicure.

Agora uma pergunta importantíssima pro futuro do nosso país. Quero respostas sinceras: vocês conseguem realmente notar a diferença entre as 7 milhões de cores de esmalte? Entre uma cor clara pra um vermelho é fácil, mas o que estou falando são aqueles 712 tons de vermelho sabe? Vermelho Ivete, Suzete, Margarete, Colchonete? Sempre falam que homem não consegue notar a diferença entre os tons, mas nós mulheres conseguimos? Se vocês conseguem, podem me avisar, que é pra eu começar a mentir que eu consigo, só pra me enturmar. E agora, pra ajudar, toda celebridade tem uma linha de esmalte! Então se você quiser indicar um esmalte pra alguém tem que decorar mais nome do que tabela periódica, ficaria assim:

— Passei o vermelho SEMPRE CABE MAIS UM da linha Gretchen!

— Nossa, achei que era o vermelho ME ENGRAVIDA, BIAL da Inês Brasil!

Outro talento que não tenho é focar, acho que vocês perceberam. E segurar o choro. E fazer dieta.

DESFOCADA

Ser desfocada é mais do que simplesmente procrastinar: é tentar e querer fazer 712 coisas e não fazer nenhuma. Enquanto escrevia esse texto eu: comi um pedaço de bolo, postei uma foto no Instagram, lavei um pouco da louça da pia, mas deixei as panelas pro Vitor Hugo, tomei banho, assisti um episódio de uma série, lembrei da Lamec – uma menina meio estranha que estudou comigo na quinta série e que tinha esse nome super estranho – fiz uma pequena pesquisa sobre pessoas de nomes estranhos, se trocam de nome ou se preferem aceitar, comi mais um pedaço de bolo, li um artigo bem interessante sobre a influência do que comemos antes de dormir nos nossos sonhos, assisti mais um episódio da série, liguei pra minha irmã pra contar que coloquei nossa briga no livro, ela lembrou da maldita blusa, briguei com a minha irmã, achei a Lamec no Facebook, invejei a Lamec porque a bichinha era desajeitada e agora está linda, comi um resto de pizza que estava na geladeira, descobri que os Vigilantes do Peso ainda existem, procurei pelo preço de um *shake* da Herbalife, descobri que a Lamec mora na Irlanda e que até lá o nome dela é estranho (ok, isso eu não descobri, só estou sendo maldosa), vi preços de passagens pra Irlanda, atendi minha mãe no telefone que estava aos berros porque eu tinha brigado com a minha irmã que está grávida e se a bolsa dela estourasse a culpa seria minha, respondi que se ela comprou uma bolsa barata a culpa não era minha, minha mãe desligou na minha cara e eu voltei pro livro, com mais um pedacinho de bolo na mão. Agora estou bem sem ideias, provavelmente eu comece a andar em círculos até fazer um buraco no chão, comece a bater a cabeça na parede ou pegue mais um pedação de bolo que, eu preciso comentar, está incrível.

CORPO, ROSTO, CABELO PERFEITO, COMO ELA CONSEGUE?

Ela consegue porque ela só pensa nisso: em ser perfeita. Resultado: ela é um saco. Pronto, fim de capítulo, adeus, vá ser feliz sem se preocupar com o que os outros pensam de você.

Tá bom, eu vou desenvolver, mas esse tipo de gente me irrita e esse assunto é tão batido, que quando eu vejo meninas me cobrando "um braço firme" ou "por que você não malha?" eu percebo que a maluquice da perfeição está pairando sobre nós.

Pode parecer recalque meu, e, na realidade, deve ser mesmo. Mas toda mulher vaidosa DEMAIS, com silicone no peito, na bunda, na boca e no sovaco, é obcecada por beleza, obcecada por ela mesma, ou seja, qualquer conversa vai acabar em: "eu sou incrível, você deveria tentar isso também" independentemente do que seja o ISSO. Pode ser academia

25 horas por dia, qualquer tratamento estético que eu não sei o nome ou o dr. Fulano que enxerga defeito onde não tem e já operou até a sola do pé da menina pra parecer mais delicada. E por que essas mulheres querem tanto alcançar essa perfeição? E por que nós continuamos achando essas mulheres incríveis? Porque fomos criadas para pensar assim. Toda a mídia, todo o mercado é voltado pra mulheres perfeitas, nós sabemos disso, mas continuamos frustradíssimas porque a Elaine chega no escritório às nove da manhã com aquele cabelo de salão de beleza e cílios postiços, ÀS NOVE DA MANHÃ! COMO ELA CONSEGUE? Fácil, ela acordou às seis e meia da manhã.

"E POR QUE EU NÃO CONSIGO ACORDAR MAIS CEDO? EU SOU UM FRACASSO MESMO, NÃO TENHO CONTROLE SOBRE A MINHA VIDA, E A ROUPA DESSA MULHER ME FEZ ME SENTIR UMA REFUGIADA DE GUERRA". Não seja louca. Eu sei que você já sentiu isso, eu também já senti, e se você não sentiu, então você é a Elaine, se você for a Elaine pule para o próximo capítulo, obrigada, linda.

A questão é: por que ela consegue e você não? Para estar acordada às seis e meia da manhã com o *babyliss* na mão, ela não ficou devorando Netflix na noite anterior. Aliás, ela não devora nada porque está sempre numa dieta controlada, e dispensa o vinho com o namorado porque álcool incha. Eu te pergunto: vale a pena? Talvez pra ela sim, porque os elogios e os olhares com inveja talvez compensem; ou talvez porque se olhar no espelho e se ver esplendorosa numa tarde de terça chuvosa seja o suficiente pra qualquer sacrifício, do tipo negar ir a uma festa de uma amiga de infância só para evitar o bar, lugar que com certeza não tem nada que combine com sua dieta de 600 calorias diárias, sem glúten, sem lactose, sem gosto, sem graça. E pra você, vale? O que te faz mais feliz? Eu não dispenso um drink, ainda mais com meus amigos, o que me faz acordar com as olheiras de um panda atropelado, mais inchada que um balão inflável e um bafo que pode matar alguém. Mas mesmo eu parecendo um mendigo fugitivo, eu garanto um sorriso na cara, porque eu sei que me diverti muito na noite anterior. Então não, não podemos ter tudo, e precisamos aceitar. Mas a questão é: será que a Elaine está ultrassatisfeita? É bem capaz que ela te diga que só vai ser feliz quando ficar tão linda quanto a Gisele... o que concluímos que: o gramado do vizinho é sempre mais verdinho, que mais vale um pássaro na mão do que dois com preguiça de andar de esteira e que eu sou péssima com ditados populares.

NO TRABALHO SÓ PENSO EM FÉRIAS E NAS FÉRIAS SÓ PENSO NO TRABALHO

É aquela velha sensação de estar sempre no lugar errado fazendo a coisa errada, o que já estou superacostumada. Por conta dessa maldita procrastinação, eu nunca faço o que deveria estar fazendo no momento em que todo mundo está fazendo ou que eu deveria mesmo já ter feito, e quando estou com muita preguiça de produzir qualquer coisa a única coisa que me distrai, e me dá essa falsa sensação de "produção" é organizar minhas próximas férias. Um dos meus grandes sonhos é conhecer o mundo todo, então realmente não me importa muito por onde começar. Quando começo a organizar uma viagem me sinto uma grande profissional, sempre consigo bons voos com um preço bom e sem um milhão de escalas. Porque sim, às vezes você consegue um voo pra Nova Iorque por mil reais, só que vai parar na Argentina, Colômbia, Marrocos, Marte e depois Nova Iorque. E adoro procurar hotéis bem localizados com um preço incrível, e isso pode tomar horas do meu tempo. Horas essas em que eu poderia estar definitivamente investindo em outro grande sonho meu que é ser uma profissional de sucesso. Sonho esse que fica latejando na minha cabeça enquanto estou em Buenos Aires, naquele hotel bom e barato que eu achei meses antes, tomando um vinho maravilhoso e não prestando atenção direito ao show de tango, porque naquele momento acabei de ter uma ideia incrível pra escrever uma piada sensacional. Então eu saio correndo no meio do show tentando pedir em portunhol pro garçom uma caneta pra eu poder escrever naquele guardanapo cheio de gordura do bife de chorizo a maldita piada. Piada essa que dois dias depois com certeza eu vou achar uma bosta. Aí eu fico ansiosa pra voltar pra minha casa e voltar pro trabalho, faço listas de coisas a fazer, estou disposta e animada, que nem criança no primeiro dia de aula.

Eu era essa criança, primeiro dia: cadernos encapados pela mamãe, canetinhas novas e coloridas todas com o meu nome, todo o material escolar lindo e cheirando a novinho... depois de um mês eu só tinha um caderno, uma caneta e uma borracha mordida, e uma vontade imensa de mentir que estava com dor de barriga de novo só pra faltar à aula de religião da irmã Rose, que era um amor de ser humano, mas me fazia dormir já no: "bom dia, classe…".

E assim a vida continua. Eu volto de viagem empolgada, amando a segunda-feira, cheia de objetivos e novas ideias, novos projetos… m mês depois estou de olho nas passagens promocionais pra Tailândia. E pronto, já troquei minha lista de afazeres por outra: 30 lugares mais baratos para se conhecer, ou 30 restaurantes com as vistas mais lindas do mundo, ou 30 maneiras mais inusitadas de se distrair do seu trabalho (essa lista eu que escrevi). Tanto que escrevi esse livro em salas de espera de aeroportos, aviões, hotéis e numa palestra de empreendedorismo (que tava chata pra cacete e eu não tinha *wi-fi*, então fiquei meio sem opção).

Bom, uma solução pra minha vida talvez seria me tornar uma aeromoça, pois assim estaria trabalhando e viajando. Mas quem me conhece bem sabe que não sou capaz de servir um copo de água pra alguém sem derrubar tudo, o copo, a água, o passageiro, o avião.

Esse capítulo é só pra mostrar pra minha mãe porque eu nunca consegui trabalhar num escritório, e talvez tenha sido esse também o motivo de eu ter escolhido o *stand up comedy*, porque não tem como enrolar uma plateia, então eu tenho mesmo que trabalhar, meus chefes estão ali, sentados na minha frente, só querendo dar risada. E talvez essa minha indecisão entre férias e trabalho seja só a prova de que eu amo tanto meu trabalho quanto amo minhas férias, o que já é uma puta sorte!

UM DIA DE FÚRIA

Você estava caminhando e sentindo o vento nos cabelos. Eis que, de repente, pessoas ao redor começaram a te aplaudir, você viu a torre Eiffel, você está em Paris! As pessoas gritam pelo seu nome: Gisele, Gisele! VOCÊ É A GISELE BÜNDCHEN! Seu coração começa a bater tão forte de emoção que chega a fazer barulho, o tum tum tum fica mais forte, mais forte e... você acorda! Você não é a Gi Bündchen, a batucada é a obra do apartamento de cima e você olha pro seu celular que não despertou e percebe que está muito atrasada pro trabalho! Sai correndo da cama, bate o dedinho na quina do armário, pisa no cocô do seu cachorro que aprontou bem no corredor, vai voando pro banheiro, liga o chuveiro e lembra que ele está estragado e que o seu Nelson da portaria já prometeu dar uma olhada pra você umas três vezes e ainda não apareceu. Você entra embaixo do chuveiro gelado, toma aquele banho dando pulo por conta da temperatura, não lava o cabelo pra poupar tempo, mas quando sai do banho percebe que o cabelo tá tão sujo que daria pra fritar uma coxinha naquele óleo. Prende o desgraçado enquanto pensa em qual roupa vai usar: séria, mas não uma vestimenta de uma senhora de 90 anos; que valorize suas curvas, mas sem te deixar a Geisy Arruda. Vai direto naquela calça jeans cintura alta que afina a cintura, mas na hora de vestir percebe que ela não está entrando. Nesse momento você se arrepende da pizza de chocolate da noite anterior e da lasanha inteira no almoço, pula e deita na cama pra calça fechar. Depois de alguns momentos sem respirar a infeliz fecha, o que dificulta muito a sua saída da cama.

Levanta num pulo, como se pegasse impulso no lençol, cata uma camisa branca básica, mas de seda pra dar um ar mais chique, um sapato de meio salto e sai correndo pra cozinha pra ver se vai dar tempo de comer alguma coisa. Vejamos: leite te dá gases, queijo te dá gases e cereal solta seu intestino. Você decide sair sem comer porque está atrasada demais. Chegando na portaria do seu prédio, percebe que está chuviscando e que você está sem guarda-chuva, mas não vai dar tempo de voltar pra pegar, então você vai correndinho até o ponto de ônibus, rezando pra tudo quanto é santo pra maldita garoa parar.

Chega no ponto de ônibus já meio suada e seu ônibus passa e não para. Você faz tanto sinal que as pessoas na rua chegam a achar que você está sinalizando pra estacionar um avião, não pra um ônibus. Ele para na esquina, e você corre a quadra inteira. No meio da corrida o botão da sua calça estoura e quase bate na cabeça de uma criancinha, você continua a corrida e quando chega no ônibus o motorista sorri e diz: "uma corridinha de manhã é sempre bom!". O ódio percorre o seu sangue, mas você só responde um "aham", com todo o desprezo possível. O ônibus está lotado e você se pergunta por que tantas velhinhas de 80 anos precisam andar pela cidade às nove da manhã? Será que elas não podem resolver os problemas delas um pouquinho mais tarde?

Quando chega no seu ponto você está com a calça sem um botão, a camisa meio molhada da garoa e um cheiro de cc no seu ombro, porque o cara ao seu lado no ônibus achou que você seria um ótimo encosto pra ele. Quando entra no escritório, seu chefe está te esperando na porta da sua sala, pelo jeito bem hoje ele resolveu chegar cedo e te enche de perguntas, desde por que você chegou atrasada, até resultados de coisas que você não estava nem envolvida, e antes de te deixar em paz ele aponta pra sua calça estourada e dá risada.

Você coloca um alfinete de segurança no lugar do botão, na esperança de que o desgraçadinho ature até o final do dia. Na tentativa de que esse dia infeliz melhore, vai até a cozinha do escritório em busca de um cafezinho. Mas quando chega lá, o André do marketing pegou a última xícara de café, o pó acabou, a água acabou, a sua paciência também e quando você acha que nada pode piorar, o alfinete de segurança se abre e cutuca sua barriga...aí você não aguenta e começa a urrar e deixa rolar uma lágrima singela, a qual o André responde:

— Alguém hoje tá de TPM...

E é num dia assim, sem grandes pretensões, que te fazem uma linda homenagem e colocam seu nome em um furacão. O André? Está melhor, já saiu do hospital e está voltando a andar. O motorista do ônibus também está de alta. Só o seu Nelson da portaria continua desaparecido.

FALANDO CLARAMENTE COMO SEU PSICÓLOGO JAMAIS FALARÁ

Lindas, vamos aceitar, em um momento ou outro da vida sentiremos inveja, recalque, ódio por querer ter algo que não temos e a Helen do terceiro andar tem. E em algum momento você vai ouvir uma crítica e sua amiga vai dizer: "não liga pra isso não, é inveja". Pode ser, ou não. Todo mundo tem problemas pra lidar com críticas, e enfiar na cabeça que é a mais pura inveja da pessoa que está criticando pode ser a coisa mais fácil a ser feita. Eu, por exemplo, quando me criticam eu tapo as duas orelhas e fico cantando LALALALALA bem alto até a pessoa terminar de falar. Se me chamar de infantil, eu começo a repetir tudo o que ela falar, até a pessoa cansar e desistir. #maturidade #calabocajamorreu

Mas sim, nós sentimos inveja, e eu sinceramente acho normal. Como já disse aqui no livro em algum capítulo por aí, a grama do vizinho é sempre mais verdinha. Mas eu acho que a melhor coisa a ser feita quando você tem inveja de alguém é assumir isso para si mesma e em seguida fazer de tudo para destruir a vida da desgraçada: vale colar chiclete no cabelo e trocar o delineador em gel por piche. Claro que não, primeiro que chiclete no cabelo sai fácil, segundo que, odiar a pessoa que tem o que você não tem não vai fazer você ter o que você não tem. (E depois dessa terrível explicação você acaba de decidir que o melhor uso desse livro é jogar na cabeça do seu namorado quando ele sugerir que você engordou; te peço, não faça isso, não com esse livro pelo menos). O que eu quero dizer é: todos sentem inveja, é natural, mas precisamos decidir o que fazer com isso. Você pode deixar isso virar uma implicância com a pessoa – o que é uma merda, porque você vai estar sempre mentindo pra si mesma e pra todos ao seu redor. Vou dar um exemplo que acabei de viver: esses dias eu estava sendo linda e dirigindo meu carro, estacionei pra continuar sendo linda a pé, veio uma guardinha e me multou: **PURA INVEJA** saí gritando **RECALCADA, PODE ME MULTAR, MAS MEU BRILHO VOCÊ NÃO TIRA!**

Ok, isso não aconteceu, eu fui multada esses dias porque estacionei em local proibido, fim. A história é que eu estava sentindo inveja, e agora você está se revirando e pensando: de quem? Quero saber! Minha vida não vai continuar se eu não souber! Preciso saber! Fala cachorra!!! (tá, talvez não tenha aguçado tanto a sua curiosidade assim, mas me sinto importante se tiver.)

    Enfim, existe uma pessoa na internet que eu acho genial. Ela é engraçada, diferente, não sei. Quando eu descobri que ela existia eu dei risada do que ela falava, mas com um sorriso amarelo sabe? A cada coisa engraçada eu ria, mas ria com um pouco de raiva, pensando: não acredito que ela acertou mais uma... bom, o tempo passou (**E EU SOFRI CALADO, NÃO DEU PRA TIRAR ELA DO PENSAMENTO**, de novo isso, não supero essa música) e ela foi ficando cada vez mais conhecida e eu cada vez mais esquisita em relação a isso. Numa noite, eu estava jantando com amigos e o nome dela surgiu na conversa: os dois falavam dela e riam, diziam como era genial, as coisas que ela falava, o jeito que ela falava, enfim... o quanto ela era naturalmente engraçada sem se esforçar, e eu puta da cara porque ganho a vida escrevendo piadas, não sendo engraçada naturalmente... aí me perguntaram:

    — E aí Bruna, o que você acha dela?

    Eu, com a maior cara blasé do mundo, sem mover muitos músculos da cara, disse:

    —Não sei, não vou muito com a cara dela...

O QUÊ? Que resposta podre foi essa? Como é que você não vai com a cara de uma pessoa que você nem conhece pessoalmente? Eles tentaram entender o porquê do meu posicionamento, mas eu tratei de mudar de assunto rapidinho. Depois fui pra casa e fiquei pensando, por que eu não gostava dela? Por que eu tinha falado aquilo, tentando diminuir a menina? Foi aí que não tive mais como negar, eu estava com inveja. Me senti tão ridícula, criancinha, que até tirei o nome dela de um descarrego que eu tinha feito na encruzilhada (mentira, gente, não tirei).

O que eu resolvi fazer? Assumir que ela é genial e admirar em vez de invejar. Toda vez que alguém toca no nome dela eu sempre digo o quanto ela é incrível e que sou fã. Quero roubar as piadas dela? Talvez. Quero roubar o jeito engraçado dela? Provavelmente. Quero ser ela? Não, mas quero ser amiga dela. Então Jout Jout, se isso chegar até você, vamos ser amigas?

Outra coisa que me deixa com uma puta inveja é gente que esquece de comer. **O QUÊ? COMO ISSO É POSSÍVEL?** (Entendam que nesse uso do *caps lock* eu realmente estou gritando com o teclado). **QUEM ESQUECE DE COMER?** Que pessoa abominável é essa que olha pro relógio às cinco da tarde e solta: "uau, já são cinco horas, esqueci de almoçar!" **COMO ASSIM ESQUECEU DE ALMOÇAR? AS PESSOAS ES-**

QUECEM CELULARES NO BANHEIRO, UM CASACO NA BALADA, OS FILHOS NO PARQUE, MAS NINGUÉM PODE ESQUECER DE ALMOÇAR! (Minha mãe esqueceu minha irmã no parque, então vamos todos tratar isso com naturalidade, ok?) **COMO VOCÊ ESQUECE DE UMA COISA QUE SEU CORPO TE AVISA?** No meu caso, me avisa aos berros mesmo. Talvez eu não tenha inveja de pessoas que esquecem de comer, talvez eu simplesmente não acredite **QUE ELAS EXISTAM! HEREGES!**

AMIZADE ENTRE HOMEM E MULHER EXISTE SIM, VOCÊ NÃO É UMA PIZZA DE QUATRO QUEIJOS PRA TODO MUNDO SÓ PENSAR EM TE COMER

A existência da amizade entre um homem e uma mulher é indiscutível. Não vou nem perder meu tempo falando sobre isso, se algum machão babaca ainda ri disso e diz que não tem nenhuma mulher que ele não tenha desejos sexuais, então coitado, ele é um babaca sem amigas e com vários problemas. Mas obviamente a amizade entre um homem e uma mulher é muito diferente da amizade homem-homem e mulher-mulher. Nem melhor nem pior, mas é um cruzamento interessante entre dois mundos diferentes, que depois de anos de amizade já nem são mais tão distintos assim. O homem costuma ser mais sincero. Não que ele seja mais honesto, mas na hora de dar uma opinião ele costuma ser mais franco porque, na verdade, ele nem imagina o quanto pode nos doer ouvir aquela verdade despejada na nossa cara, como uma bala engasgada que sai depois de um belo tranco. Por exemplo, se você conta a sua história com o tal Fulano que você está saindo, o seu amigo já te fala de cara: ele tá comendo outras. Enquanto nós mulheres ficamos divagando sobre os últimos ocorridos, o amigo homem fala na maior naturalidade pro seu bem, e geralmente eles nem percebem a nossa cara de tacho com a super nova descoberta, porque eles entendem que a gente já sabia daquilo, e a gente sempre tenta mostrar que sim, com respostas: "ah sim, eu nem imaginei diferente", "eu também estou saindo com outros caras" (com a voz mais engasgada e mentirosa do que de criança cagada). Mas o lado bom é justamente esse: a verdade vem mais rápido do que seu hamburguer com fritas e refrigerante grande. Geralmente eles não reparam muito no seu novo par de sapatos, mas são uma ótima companhia pra sair e encher a cara e também pra ouvir seus problemas. Talvez não tão compreensivos como suas amigas mulheres, você pode ouvir perguntas do tipo: o que você anda fazendo com a sua vida? Pergunta aliás que eu acho terrível. Apesar de eu achar que sei o que estou fazendo da vida, essa pergunta sempre parece uma bronca de mãe ou uma cobrança de um chefe exigente. Sempre me faz gaguejar.

O INCRÍVEL EFEITO DE UM VEADO NA VIDA DE UMA MULHER

É inacreditável o efeito LET IT SHINE que uma bichinha bem afetada causa na gente. Não tem mau humor que resista, você perde o controle e ri de tudo, se diverte, e o mais intrigante: entra no clima mesmo, e começa a falar coisas que você nunca se imaginou dizendo! Você fica extrovertida, às vezes maldosa, e geralmente uma *expert* do sexo! Você fala coisas que já fez na cama que você não assume nem pra você mesma. Às vezes, você nem tem intimidade com o veado, mas você fica louca, e desanda a falar! Sabe por quê? Porque veado não tem esse conceito de: "iihh fez tal coisa é vagabunda"... Eles acham o máximo e querem que você se jogue mesmo com o *boy*! Acho que precisamos aprender mais com a bicharada! Aiiii Bruna, você usa termos pejorativos com os homossexuais! Eu posso, **EU AMO AS BEE**, tenho intimidade, isso me dá licença poética pra eu falar assim, e dá direito pra eles também chegarem pra mim e dizer: "oi, sua puta!". Sem falar que ter um amigo veado é muito útil: ele te maquia, arruma seu cabelo e ainda é sincero: "esse homem não te quer não" ou "esse vestido ficou terrível em você", coisa que nós nem sempre temos coragem de falar.

SER UMA MULHER FANTÁSTICA É:

Você precisa ser maravilhosa, então você precisa ser linda, ser magra, ser uma superprofissional, uma verdadeira líder antenada autoconfiante, falar pelo menos inglês fluente, ser eloquente, saber o que a palavra eloquente significa, precisa ser culta, ter lido muito, vistos vários filmes incompreensíveis e ter uma opinião surpreendente e ácida sobre cada um deles. Precisa saber cozinhar bem, ser Master chef, saber cuidar de uma casa, saber pronunciar o nome Louboutin, precisa ter um Louboutin pra combinar com aquele seu vestido que você deve chamar pelo nome impronunciável do estilista. Tem que ser alegre, bem disposta, bem-humorada, bem maquiada, conhecer o mundo todo e saber fazer sozinha um penteado incrível no cabelo. Entender tudo da bolsa de valores, bolsa Michael Kors e da bolsa que estourou. Saber o que é banho-maria, pastilha de freio e pra que serve um *primer* labial. Unhas feitas, roupa lavada, salário alto pra combinar com o sapato. Você tem que ser mãe, tem que querer ser mãe. Então você tem que ter jeito com crianças, saber se o choro é cólica ou fome, trocar fraldas em menos de 45 segundos sem estragar o alisamento de chocolate com nozes que você fez no cabelo. Você tem que saber combinar os acessórios com a roupa, arrumar as crianças pra escola, planejar o almoço, entregar um projeto enorme e sensacional no trabalho e ainda fazer uma macarronada melhor do que a da sua sogra. Porque você precisa de uma sogra, você precisa ter um par, um homem maravilhoso e romântico que faça todas as suas amigas suspirarem. Isso tudo sem olheiras, porque você precisa de uma pele maravilhosa.

De tudo isso que eu escrevi eu sou: bem-humorada. Acho que só. E nem é sempre.

Sim, temos essa cobrança para sermos tudo isso e muito mais, e quem eventualmente consegue me deixa imaginando se vai entrar numa cabine telefônica, tirar o *tailleur* e os óculos e vai sair voando, com uma linda capa e a calcinha em cima da calça. Aliás, esse disfarce do Superman sempre me causou inveja. Ele põe um óculos e ninguém mais reconhece! Queria muito esse óculos para aqueles dias que eu tô com muita preguiça de me arrumar, saio de casa tão largada que me oferecem um trocado na rua, vou comprar um pão e encontro a ex do meu namorado, sabe? Então, como ninguém é super-herói e eu não conheço nenhuma mulher que, em plena consciência, queira usar a calcinha por cima da calça, o que seria terrível naquele dia que você está com uma calcinha desbeiçada e sem elástico escrito **TERÇA-FEIRA** em plena sexta, vamos jogar fora toda essa cobrança e deixar essa história de supermulher ou mulher maravilha para usar numa festa à fantasia!

CONCLUSÃO

A maior conclusão que posso tirar depois de tudo isso dito é que você, cara leitora, chegou até aqui, o que significa que **PUTA QUE PARIU VOCÊ TÁ COM TEMPO LIVRE MESMO, HEIN?** Porque vamos ser sinceras: eu falei de vários assuntos, mas acredito que em praticamente nenhum capítulo eu tenha realmente concluído algo ou tenha achado alguma solução pra alguma coisa, e adivinha só: porque esse conteúdo você vai encontrar no segundo volume *Verdades inúteis para mulheres imperfeitas!* (mentira gente, não vai ter segundo livro, foi só uma desculpa que dei pro meu editor quando fui questionada com relação à conclusão).

— Mas Bruna, cadê a conclusão?

— Querido *publisher*, no mundo das mulheres, meu pequeno gafanhoto, aqui nessa complexa cabeça que busca um jeito de salvar o mundo e de desatolar a calcinha da bunda de uma maneira sutil, aqui, nesse universo onde vocês homens são apenas forasteiros ou bebês perdidos sem Waze buscando uma luz, conclusão é uma coisa que não existe! Então, estimado editor, entenda, eu não concluo coisas, porque concluir é fechar uma porta, é determinar uma lei, e a cabeça da mulher é assim: fluída, solta, destemida, e eu ouso dizer, por que não? Selvagem. Então sim, este livro não tem conclusão, porque a conclusão está no coração de cada leitor, ou melhor: a conclusão está em não saber qual é a próxima presepada que o destino vai nos aprontar.
— Eu preciso imprimir seu livro! Termina logo!!!

OK!
PEDINDO ASSIM...

CONCLUSÃO 1: Meu editor, não entende nada de deusa interior.
CONCLUSÃO 2: Não vai ter livro 2 pra alegria dos cultos e tristeza dos desocupados.
CONCLUSÃO 3: Eu sou muito melhor convencendo pessoas de que eu não preciso fazer o que as pes-

soas querem que eu faça do que realmente fazendo aquilo que elas querem que eu faça.
CONCLUSÃO 4: Eu sou bem confusa.
CONCLUSÃO 5: A conclusão 4 é muito verdade. Eu acabei de achar o controle remoto da TV dentro da minha geladeira!
CONCLUSÃO 6: Você acabou de ler o livro, já se sente desapegada, né? Só te peço uma coisa: me guarde num lugarzinho decente, por favor? Uma estante, do ladinho de outros livros, não é muito o que eu peço, às vezes tirar um pozinho... E certifique-se que aquele seu tio gordo não vá me pegar pra ler enquanto caga pelado, ok?
CONCLUSÃO 7: Eu amei escrever este livro, espero de verdade que você tenha curtido! Não vejo a hora de escrever o próx...

MEU DEUS, EU SOU REALMENTE MUITO CONFUSA.

FIM.

CRÍTICAS AQUI, TÁ?

www.buzzeditora/desbocada